時評書評

忖度なしのブックガイド

豊崎由美

教育評論社

『時評書評』目次

I

2020

Ⅱ 2021

III 2022

IV 2023

BONUS TRACK

装幀＝ミルキィ・イソベ（ステュディオ・パラボリカ）
本文デザイン＝安倍晴美（ステュディオ・パラボリカ）

I 2020

2020.4.13

松本人志発言、杉田水脈ツイートを『脂肪の塊』で考える

新型コロナウイルス感染症のパンデミックの始まりは2019年の暮れ。年が明けてから国内でも徐々に感染者が出て、またたく間に世界的流行となった。2020年4月、営業自粛要請に応じた事業者への休業補償について松本人志が自身の番組で発言した。「水商売のホステスさんが仕事休んだからといって、普段のホステスさんがもらっている給料を我々の税金で、俺はごめん、払いたくはないわ」(『ワイドナショー』フジテレビ、4月5日放送)。

フランスの作家モーパッサン(1850〜93年)に『脂肪の塊』(太田浩一訳『脂肪の塊/ロンドリ姉妹〜モーパッサン傑作選』光文社古典新訳文庫より)という有名な短篇作品があります。有名といったって、知らなくても恥ずかしがらなくて大丈夫です。なんたって、1880年に発表された古い小説ですから。

舞台となるのは、普仏戦争でプロイセンに敗北した1871年のフランスです。プロイセン軍が戦勝国としてルーアンの町を占拠。そんななか、知り合いのドイツ人士官のつてをたどり、町から出る許可を取りつけた人々が4頭立ての大きな乗合馬車を確保します。メンバーは、10人。

ワイン問屋を営んでいる、悪知恵が働くお調子者のロワゾーとその妻。

紡績工場を3つ所有している錦糸業界の重鎮にして県議会議員のカレ＝ラマドンとその妻。

ノルマンディー地方でも屈指の名門に属しているブレヴィル伯爵夫妻。

修道女ふたり。

民主主義者として知られ、親の財産を革命のために食い潰したコルニュデ。

小柄な身体がどこもかしこも丸々としているから「ブール・ド・スュイフ（脂肪の塊）」というあだ名がついている高級娼婦。

はい、タイトルヒロインの登場です。光文社古典新訳文庫（『脂肪の塊／ロンドリ姉妹〜モーパッサン傑作選』）で訳を担当している太田浩一さんは原作どおり表記していますが、トヨザキは旧訳の皆さん同様、以降、彼女のことを「脂肪の塊」と呼ぶことにします。

いわゆるリベラルな思想の持ち主であるコルニュデと、ロザリオを繰って祈ってばかりいる修道女コンビを除くメンバーは、「脂肪の塊」のことを「恥知らずな売女」と蔑んでいます。

ですが、ホテルがある村までの13時間にも及ぶ長旅で、食べ物を持参しなかった彼らは、「脂肪の塊」が持ち込んだ、おいしそうなものが詰め込まれた大きなバスケットを前に陥落。蔑みから媚びへと表情を変え、あからさまな手のひら返しをしてくる連中にも、「脂肪の塊」が快く食べ物を提供したおかげで、10人は一応フレンドリーな関係になっていくんです。

ところが、ホテルに投宿すると問題発生。その村を仕切っていたドイツ人士官が、「エリザベート・ルーセ（「脂肪の塊」の本名）が自分と寝ない限り、出立を許さない」と通達してきたんです。最初は「脂肪の塊」と共にドイツ人士官への怒りを露わにしていた面々ですが、日が経つにつれ態度を変えていきます。

「あの《売女》はわれわれをいつまでこんな場所に足止めさせる気だろう」「ブール・ド・スュイフひとりをここに残し、他の者は出発させてくれるよう士官に提案してはどうか」（ロワゾー）

「どんな相手とでもあれをするのが、あの淫売の商売でしょ。選り好みする権利なんかありませんよ」（ロワゾー夫人）

いきり立ったロワゾーが「あのあばずれの手足をしばりあげ、敵の士官に引きわたしてしまおう」とまで言うと、上品な伯爵は「あの女みずからその気になるように仕向ければいい」と計略を練り、歴史上に存在した「征服者をくいとめたあらゆる女の例を引」いて説得を試みるのですが、「脂肪の塊」は首を縦にふりません。

そこに参戦してきたのが、修道女。「どんな行いであれ、その意図さえ立派なものであるならば、神の不興をかうことはない」。おまけに自分たちがル・アーヴルに向かっているのは、天然痘にかかって入院している多数の兵士の看護を要請されたからで、「あのプロイセン士官の気まぐれによって、こうして足止めをくっているあいだに、多くのフランス兵が亡くなっていくのだろう」とダメ押し。

この圧！　そりゃ、寝ますよ。寝なきゃしようがないもの。で、一同、大喜び。セクハラもパワハラもモラハラも軽口ならオッケー的な、ダメなおじさん代表ロワゾーの下品なジョークもバカウケ。

そんな連中に「言っておくが、あんた方は卑劣きわまりないことをしたんだ！」と叫ぶ民主主義者のコルニュデだってひどいもんです。「脂肪の塊」への説得に加わらなかったから、自分は無実だとでも？　下品なジョークに同調しなかったから、自分は清廉潔白とでも？　同じ穴のムジナです。その証拠に、ようやく出発できた馬車の中、冷ややかな視線にさらされているばかりか、自分だけ用意してもらえなかった弁当をみんながムシャムシャ食べている様を見せつけられている「脂肪の塊」に、こいつは何ひとつ分けてやろうとはしません。

冒頭に、高須クリニック院長の高須克弥や作家の百田尚樹も同調するかたちで、Ｔｗｉｔｔｅｒ（現在はX、以下略）で炎上した松本人志の発言を置いていますが、その中の「水商売のホステスさん」が娼婦だとか、「脂肪の塊」と同じ犠牲者だとか、そんなことを思って、モーパッサンの作品紹介をしたわけではないことを、まずは念のために記しておきます。わたしが両者を並べたのは、「思いやり」について考えたいからなんです。

で、この松本発言と根っこで精神がつながっていると思うから、やはり引用しておきたいのが国会議員・杉田水脈によるツイート「これを機に外国籍の方に対する給付等はしっかり見直した方がいいと思います。本来国民を保護するのは国籍がある国家の責任。日本に居る外国籍の方を保護する責任はそれぞれの母国にあります」(4月5日)です。

松本発言については、映画評論家の町山智浩のツイート「ホステスが楽して儲けてるとでも思ってるの？　ホステスの服や美容院代は自前だよ。シングルマザーも多いし、コロナで店が開けられなきゃすぐに生活に困る人も多いよ。さんざん遊んでるくせに彼女たちの生活の実態を知ろうとしなかったろ」(4月6日)をはじめ、多くの異論が寄せられました。

杉田に対しては、在日外国人の皆さんから「わたしたちは日本で税金を納めています」といった正論や、それを支持する大勢のまともな皆さんからの反論がぶつけられています。

わたしはそのすべてを「なるほど」「そのとおりだ」とうなずきながら読みながらも、心の片隅で「ホステスさんがたとえどんなに楽して贅沢三昧な生活をしていようが、仕事がなくなったら困るんだから助けるべきじゃないの？」「税金を納めていなくたって、今現在日本で生活していて、この新型コロナウイルス禍で困っている外国籍の人がいるなら、全員助けるべきなんじゃないの？」と思っていたんです。

モーパッサンの短篇の登場人物たちだって、そのうちの6人は金持ちなんだから、彼らが他の人の費用も払って、あの村に滞在しつづければよかったんです。「脂肪の塊」に望まぬセックスなど強要せず、あの村で敗戦が引き起こしている事態の収束を待てばいい。修道女ふたりくらい行けなくなったからって、天然痘に苦しむ兵士たちへの看護が滞るわけじゃない。まずは、目の前の困っている人（脂肪の塊）に救いの手を差し伸べるのが、神に仕える人であってほしいです。

松本人志と杉田水脈の発言は、モーパッサン作品の中のロワゾーの下品な振る舞いそっくりです。わたしは、「脂肪の塊」に望まぬセックスを強要してまで自分の利益を守ろうとする、思いやりと想像力に欠けた世界はイヤです。誰かの犠牲の上に成り立つ幸福は醜悪です。

で、こんなことを書くと「頭の中がお花畑」と言ってくる輩が出てくるわけですが、お花畑、素敵じゃん。頭の中が地獄の釜と化すより全然いいじゃん！　ねー。

2020.5.11

「分断」や「世代間対立」を煽る言説に負けない小説

2020年4月、新型コロナウイルス感染症の感染拡大を受け、政府与党は緊急経済対策として国民一人あたり10万円の給付を決めた。減収世帯のみに支給する案は撤回され、全国民一律給付。給料が減らないとされる国会議員、地方議員、公務員も対象になったことに橋本徹は「無責任政治」と持論を展開し、こう発言した。「この10万円は生活保障。給料、ボーナスがびた一文減らないことが確実な人には給付する必要はありません。生活保護受給権者も。」（2020年4月21日、橋下徹Ｔｗｉｔｔｅｒより）

『ハーバー・ビジネス・オンライン』に興味深い記事が掲載されています。

橋下徹の過去発信のまとめです。取り上げられている発言の数々を読んでいて気づくのは、たとえば「自称インテリや役所は文楽やクラシックだけを最上のものとする。これは価値観の違いだけ。ストリップも芸術ですよ」（2012年8月12日Ｔｗｉｔｔｅｒより）に代表されるように、橋下は大衆に仮想敵を与えることで、インテリ&役所vs.その他の層という対立を煽り、支持を集める論法を得意としてきた人物です。今回引用した新型コロナウイルス禍における発言も、この論法を使って、収入減が確実な人の焦りや苛立ちや苦しみを利用して、社会を分断しようとしているわけです。

しかも、雑。「インテリ＝文楽やクラシックだけを最上のものとする」という物言いが、どれほど正確さを欠いたものであるかは、おわかりいただけますよね。でも、こういう大きな主語を卑小な説明で処理するのは、おそらく狙ってのことなのです。いにしえの昔から、デマゴーグたちは物事を単純化し、プロパガンダとして大声で叫んできました。なぜなら、多くの民衆にはそのほうが訴求効果が高いからです。実際、大阪ではこの橋下論法を踏襲する松井一郎市長や吉村洋文府知事ら大阪維新の会に所属する政治家の人気は絶大です。

社会を自分の敵と味方に分断し、双方間に生まれる憎悪を糧に権力の拡大を図る。それが、橋下徹と大阪維新の会の正体なのですが、しかし、わたしは思います。「分断できてると思ってるのは、おめえらだけだよ」と。

見えるものしか見ないタイプの人間は、わたしたち人間が自分の知らないところで気づかないまま大勢の見知らぬ誰かとつながっていることを、その糸をより合わせたものが「わたし」という個人であることを、たとえ自宅に引きこもってしまおうとも決して独りにはなれないことを、理解しようとはしません。

夫の死後、霊と交信できるようになった三保子。海に遊びに来た女子大生の藤田みずきと大谷春香。彼女らに呼び出されて渋谷にやって来た竹田礼生と高橋雅人。浮気と呼ぶには情熱的過ぎる関係にうつつを抜かしている、40歳近い妻帯者・野村健太。学校をさぼって公園のベンチでお弁当を食べている15歳の土屋恭子。副業で男性コンパニオンのアルバイトをしている理学療法士の千葉孝大。遊び興じる双子の姉妹・千奈美と真奈美。夫婦仲がよくない遠藤拓也と由香。バーに集う常連の人々。勤務中にカーセックスをする国見智志と白石みどり。レストランで女子会をしている、高校時代の仲よし4人組。その近くの席で、とうの立った女子会を開いている初老の3人組。妻の乳房が好きでたまらない夫・岩合和久と、この結婚は失敗だったと思っている妻・仁美。ゲイのカップル・行広と雄大。夫亡き後、ほとんど家から出なくなった奥野広子。見ず知らずの誰かの顔に拳をのめり込ませる妄想で頭をいっぱいにしている中島裕介。海外出張の多い56歳の独身サラリーマン・大場信吾。就職のために佐賀県から上京し、彼女と遠距離恋愛になったことよりも家族と離れたことを後悔している北條和樹。老婆が乗った暴走自転車に怯える主婦の玉井紫苑と、老婆との遭遇を吉兆と思っている米屋の奈良橋勝善。

いったい何事かとお思いでしょうが、彼らは江國香織の『去年の雪』（ＫＡＤＯＫＡＷＡ）に登場するキャラクターのほんの一部なんです。百人を超える登場人物の多くは現代人が中心ですが、そこに過去を生きる人々も加わります。

両親の離婚で東京にやって来た１９７０年の小学3年生・末松織枝。平安時代の貴族の娘・柳と、彼女のよき話し相手で「けんと」と名乗るもののけに悩まされている規那。オイルショックでトイレットペーパーの買い占めに走る妻を恥じている新聞記者の瓜生明彦。江戸時代の三姉妹・加代と茂と綾、加代の親友で読書家の勢喜。霊を見ることができる、江戸時代の農家の娘・ちさ。

この小説を彩るのは生者ばかりではありません。死者もまた。バイク事故で若い命を散らした市川謙人。加代たちが生きている時代をさまよっている、生前はタクシー運転手だった佐々木泰三。遊園地で呆然としている原田真弓。その遊園地のさるすべりの木のそばで、自分という意識を失いつつある井波真澄。再生不良性貧血で亡くなり、図書館にいることを喜んでいる今泉牧也。死んでずいぶん経つので何も記憶していない森田あやめ。

人間ばかりでもありません。平安時代の少女・柳のもとに、現代からさまざまなものを運んでくる片方の羽が赤い不思議なカラス。霊の存在を感知するワイヤーフォックステリアのケイク。過去の光景を見ることができる黒猫のトム。

そうした大勢の登場人物らの1〜3ページほどの短い各エピソードが、ゆるやかに他の挿話とつながっていく。空間的にも時間的にも遠く離れた他人同士であるキャラクターたちが、知らないうちに他の登場人物と袖振り合っていることが、読者にはわかるように描かれていく。ちょっとどうかと思うほど、大勢の（しかし、実はほんの一部の）キャラクター名を挙げたのは、『去年の雪』がそういう紹介の仕方を要請する作品だからです。

人物とエピソードが濃淡さまざまに重なり合う。過去と現在の人々と光景が有機的に交差する。

誰もが固有の生を生き、「誰かが誰かと」「何かが何かと」つながっていく豊かな世界。この小説を読んでいると、わたしは独りではない、独りで生きてきたのではないということが、しみじみと了解できるんです。

「分断」や「世代間対立」なんてものは、見えるものしか見ない人にとってのデマゴギーにすぎない。見えないけれど、確かにそこにあるものに目をこらす術を知っている人こそが、無数のつながりによって成立している世界の真実を語ることができるんです。その語り手たらん人々を「インテリ」と雑にまとめて揶揄し、わたしたちに無意味な争いをけしかける狡猾な人間が橋下徹なのです。

妻を亡くして以来、スマホでたくさんの写真を撮るようになった綿貫誠司という老人が作中で呟く〈心に訴えかけてくるものというのは、存外そこらじゅうにあるのだ〉という言葉が、心に残ります。デマゴーグに煽られることなく、自分がそういう豊かな世界に生きている大勢の成員のひとりなのだということを、忘れないようにしようと思う次第です。

2020.6.10

帝政ローマ時代から現代まで変わらぬセクハラ事例に喝!

「でもキスしたい」(箕輪厚介『文春オンライン』、A子さんとのLINEより)。堀江貴文や落合陽一など、数々のヒット作を手がけ、テレビ番組のコメンテーターとしても出演する著名編集者の箕輪厚介氏。ライターのA子さん(30代)は、箕輪氏の依頼で執筆した原稿がボツにされ、原稿料も支払われなかった経緯とともに、箕輪氏がA子さんに送ったLINEのやり取りや、自宅に押しかけるなどのセクハラ問題を「週刊文春」に告発した。

〈元エイベックス社員でライターのA子さん(30代)が、幻冬舎の箕輪厚介氏の依頼で執筆したエイベックス会長・松浦勝人氏(55)の自伝。約10万字に及ぶ原稿は、A子さんが「書籍のなかで離婚を公表したい」という松浦氏の意向と幻冬舎の都合に沿い、約2カ月間で書き下ろした〉にもかかわらず、原稿をボツにされた上、原稿料も支払われなかった経緯を明かした『文春オンライン』の記事(2020年5月16日)は、クライアント(版元)と下請け(ライター)間でなんの契約書も交わされないまま仕事が進んでいくという、一般社会の通念からすれば異様な出版界の〝風習〟を示して、A子さん同様フリーでライターをしているわたしにとっても身につまされるものでした。

が、しかし、それだけに終わっていないのが、さすがは下世話な文春砲。A子さんに原稿を依頼した編集者・箕輪氏と彼女とのLINEのやりとりまで公表しており、その酷い内容で世間の注目を浴びたわけです。

フリーライターを消耗品としか思っていない見城徹社長と、ボツをくらって納得がいかないA子さん双方にいい顔を見せるせせこましい態度が、「天才編集者」らしからぬ小者感を醸すばかりか、当初の出版とギャラに関する口約束が守られないことに意気消沈し、体調を崩しているA子さんに対し、〈絶対変なことしないから!〉としつこく家を訪問したがるくだりの滑稽さたるや、旧世代のわたくしなんぞは、1998年にやはり「週刊文春」が報じて世間をざわつかせた、将棋界の重鎮たる中原誠・十六世名人と林葉直子(元棋士)の一件を思い出したものでした。

すでに関係が悪化していた不倫相手の林葉に対し、中原が送りまくった留守番電話を暴露する内容だったのですが、その中のひとつ「今から突入しまーす」の威力は凄まじく、小保方晴子の「STAP細胞はありまーす」(2014年)と並んで、「まーす」界の2大流行語ともいうべきでありましょう。箕輪氏も〈でもキスしたい〉じゃなく、「でもキスしまーす」だったらその仲間に入れてもらえたものを。つくづく惜しいことをしたものです。

で、氏のLINEに話を戻しますと――。クライアントであるこの男の顔を潰さないよう、A子さんが一生懸命あの手この手で遠回しに「家には来ないでほしい」と伝えようとしているのに、その意図に気づかないふりをして図々しく家に上がり込み、A子さんの証言によれば「こたつに腰を落ち着けるなり、『触っていいですか?』『キスしませんか?』とくっついてきて、いくら拒もうと強引に体を触ってきたのです。本当にやめてほしくて、『無理です、もう帰ってください』と強引に家から追い出しました。すると最後、箕輪さんは『じゃあ握手しませんか』って手を差し出してきたんです。仕方ないから握手をしてから別れました」とのこと。そこから、〈でもキスしたい〉という今回のLINEからの引用に至るわけです。

この一件が『文春オンライン』によって明らかにされると、〈トラップ。よろしくお願いします〉という「オレの擁護をしてくれ」感をぷんぷん匂わせる卑劣な発言をTwitterに投稿→炎上状態にガソリンを投下しただけと悟るや削除→「箕輪編集室」なる月額5940円も取るオンラインサロンの会員に向け、酔っ払ってろれつも回らない状態で「何がセクハラだよ、ボケ」だの「オレの罪って、重くない」だの、あろうことか故忌野清志郎の発言を引いて「反省しない」だのと暴言を吐きまくる動画を、またも『文春オンライン』によって暴露され、さらに炎上という墓穴を掘りに掘りまくって地球の裏側へ的な愚行を繰り返したのであります。

わたしはこの一件について「幻冬舎の箕輪って人は時代の風を読むに長けた優秀な編集者と崇められているらしいけど、あのクソLINEを見ると、この人が昭和のセクハラ親父仕草(親分の見城徹がその典型)をそのまま引き継いだ非常に古臭いタイプの男だということがよくわかりますね。」というツイートを残しているわけですが、それをよく示すのが幻冬舎から出ているくだらない一冊、渡辺淳一の『欲情の作法』（幻冬舎）なんです。

これ、世の男性に女性の口説き方を指南するっつー内容なんですが、〈もちろん、性的関係が充実するには、男のほうの求めかたや愛しかたが重要ですが、まず肌を接して関係する、という目的から考えると、早く許してくれる女性ほど望ましいものはありません〉〈気さくで明るくて楽しい、そして少し甘えん坊で、軽くおっちょこちょい。このあたりが、多くの女性が好きになる、男のタイプの公約数です〉〈（相手の女性を少し酔っ払わせて家に連れ込むことに成功したなら）こういうとき、もっとも有効なのは部屋の片隅にソファーを置くことです。小さくても、とにかくソファーがあれば必然的にそこに並んで座れるため、そっと抱き寄せることも不自然でなくなります。これが畳であったりフローリングでは、万一抱き合ったとしても、床が硬くてムードに欠けるでしょう。自分の部屋を借りたら、安くてもまずソファーを一個買う。これがプレイボーイの、そして女性を口説く必需品になるはずです〉といった、怒ったらいいのか、笑ったらいいのかわからなくなるような妄言の数々が散りばめられているんです。

ひょっとすると、箕輪氏も自社本だけにこの本を参考書にしたのかもしれませんねっ。しかし、皆さん、この手のレイプすれすれの強引な口説きを有効とする、女性蔑視のセクハラ志向は、実は昭和の親父仕草というわけでもないのです。紀元前1世紀、帝政ローマ時代にもさかのぼることができる仕草であることが、『変身物語』でよく知られる詩人オウィディウスの『恋の技法』（樋口勝彦訳　平凡社）を読めばわかります。

これまた往時の若者に向けての恋愛指南書なのですが、曰く〈娘たちはさらわれて、結婚の臥床へ運ぶ分捕り物として連れてゆかれた。そして多くの女の子には、恐怖がかえって美しさをますかに見えた。あまりに抵抗し、同行をこばむ者があれば、男は渇望の胸にその娘を抱き上げて連れてゆき、こういった、「なんだってやさしい目を涙でよごすのだ？　おまえの父のおまえの母に対する関係と同じように、おれはおまえの相手になるのだ」と〉〈嫌がっているときみが万一思うかもしれない女でも、［いやがるどころか］じつは望んでいるのだ〉〈多くの女のうちで、きみにいやだというような女はまず一人だってもいはしない。許すにしろ拒むにしろ、とにかく言い寄られれば嬉しい気がするのだ〉〈男たちは欺くことはあるにせよ、あなた方には損はない。すべて元のままだから。（中略）鉄も磨滅してゆく、火打ち石も使えば減ってゆく、十分使用に供しても、あの部分（トヨザキ註・ヴァギナのことですね）だけは損耗のうれいがない〉などなど、女性サイドからすれば噴飯ものの文言が書き連ねられているんです。

この『恋の技法』と『欲情の作法』を読み比べると驚くほど内容が似通っているんですねえ。渡辺淳一は『愛の流刑地』（やはり幻冬舎）の中で、主人公男性にキャミソールの着用に及んだ恋人に白いスリップを身につけるよう命じさせる場面を用意したように、『欲情の作法』でも〈男は清楚な女性を好む〉のだからカラフルで派手な下着など言語道断で〈白くてシンプルなスリップで充分〉と世の女性に力説。オウィディウスもまた派手なファッションを嫌い、濃い化粧にダメ出しをしていて、2冊を通読すると、ズンイチ（渡辺淳一）は『恋の技法』を種本に『欲情の作法』を書いたのではないか疑惑が湧き上がってくるほどです。

と、ことほど左様に、誤った女性観と恋愛観を長きにわたって多くの男性が共有してきたわけですが、しかし、皆さんご承知のように、このような女性のことを知ったかぶった身勝手な物言いが通用する時代ではもはやありません。男性読者の皆さんにおかれましては、ラ・ロシュフコーの箴言〈273 社交界ではもてはやされているが、およそ取り柄としては世渡りに役立つ悪徳しか持ち合わせない輩がいる〉（『ラ・ロシュフコー箴言集』二宮フサ訳　岩波書店）を地でいく箕輪厚介氏のような過ちは犯されませんように。

そして、6月8日にTwitterで見当違いな、ゆえに何の謝罪にもなっていない謝罪文を投稿した御当人には次の箴言を贈っておきましょう。

〈386 自分が間違っているとはどうしても認めようとしない人以上にたびたび間違いを犯す人はいない〉

2020.7.11

自分の中の「おじさん」発見器になってくれる松田青子作品

「キモい」(徳島県・女子高校生)。2020年6月、35歳男性が路上で、声を掛けた女子高校生に「キモい」と言われたことなどで口論に発展、男性は逃げようとした女子生徒の髪を引っ張るなどの暴行を働いた疑いで逮捕された。しかし、見出しに「キモい」という言葉が使われたことで注目され、SNSの反応は2つに分かれるという事態に陥った。

少し前の話になりますが、午後10時05分頃、コンビニ前にいた女子高生3人に「うちに来ないか」と声をかけた35歳男性が、「キモい」と言われて逆上し、助けに入った50代男性と女子高生に暴行を働いて連行されるという事件がありました。

Twitter上では、もちろん35歳男性が全面的に悪いという意見がほとんどだったのですが、それはそれとして「〈キモい〉という言葉の殺傷能力は高いので、使わないほうがよかったのではないか」という内容の発言が多くリツイートされるに至って、「〈キモい〉やつに〈キモい〉といって何が悪い」「なぜ被害者が批判されなくてはいけないのか」vs.「相手の怒りを引き出す言葉は使わないほうがいい」「批判ではなくアドバイスだ」論争が、かなり長きにわたってつづいたのでした。
「夜遅く外出している女子高生が悪い」という類いの酷い被害者非難は言語道断としても、実は初めのうち、わたしは後者派でした。女子高生にとって「キモい」という言葉は恒常的に使う〝軽い〟言葉で、そのときもとっさに口をついて出てしまったのであろうし、実際、夜遅く10代の女子3人に「うちに来ないか」と声をかける35歳の男は「キモい」以外の何者でもないわけだけれど、結果的に加害者にとっての「キモい」は逆上のスイッチが入るにじゅうぶんなほど殺傷能力の高い言葉であったのだから、女性はこういうケースのときに発する言葉については注意するに越したことはない――そう思ってしまったんです。
それが一転、前者派に変わることができたのはコラムニストの小田嶋隆さんが6月24日に発した次のツイートのおかげです。

〈女性に対して「ナンパしてくる男を怒らせない振る舞い方」を求める人たちは、当該の女性たちに「差別の中で生きる処世」を求めています。同じ社会に生きている人間が、別の属性を持つ人間に対して「差別されることを前提とした生き方を求める」ことは、差別以外のナニモノでもないと私は考えます。〉

「ああ……」と打ちのめされました。自分よりも力が強い者の不興を買って今の状態よりも酷い状況に陥らないために、本当に言いたいことはぐっとこらえ、「キモい」ではなく「やめてください」のような丁寧な言葉を選択する。それを「アドバイス」と称して提案するのは、確かに〈「差別の中で生きる処世」を求めて〉いることにほかなりません。それと似たような仕打ちを、女性として生を受けたゆえに幼い頃から幾度となく受けてきたにもかかわらず、なぜ最初に後派に与してしまったのか。それは、わたしがかつてバリバリの「おじさん」だったからです。そして今も「小さなおじさん」を心の中に棲まわせているからです。

もちろん、ここに記した「おじさん」は象徴です。「おじさん」性のすべてが悪いわけではありません。「おじさん」の多面性の中の良くない部分を指しているだけです。で、良くない「おじさん」性が今ここにある弱者や正直者や心優しき者が生きにくい世界を形成しているというのに、男社会の中でフリーライターとして実力を認めてもらうためにがむしゃらに仕事をしてきたわたしは、いつしか「おじさん」の側に立ち、「おじさん」の目で社会を眺め、「名誉おじさん」としてほかの女性（あるいは社会的弱者）に〈「差別の中で生きる処世」を求め〉る人間と化していたんです。

そんなわたしにはっきりと「そういう考えは良くない」と注意をしてくれる大勢の友人や読書のおかげで、少しずつ自分の中の「悪いおじさん」を駆逐してきたはずなのに、今回の「キモい」の一件で残滓が露呈されてしまった。がっかりというより、呆然となった次第です。で、そんなわたしに追い打ちをかけたのが、松田青子の『持続可能な魂の利用』（中央公論新社）なのでした。

主人公は陰湿なセクハラに遭い、派遣先の会社を追われた30代の敬子。彼女はある日、笑わないアイドル××とそのグループを発見し、夢中になっていきます。

〈ひらひらした衣装の笑顔のアイドルたちも、分厚い生地の衣装を身につけた笑わない××たちも、同じ一人の男にプロデュースされていた。長きにわたり日本のエンターテインメントの世界に君臨し、権力を持つ男に。

そう考えてみると、敬子を傷つけたのも、敬子を救済したのも、同じ男だと言えた。認めたくはなかったが、そうだった。

後ろにあの男がいる。女の子たちを操るたくさんの男たちがいる。その構造が常に維持されてきた〉

もしかすると何か裏があるのかもしれないという疑念から逃れられないまま、しかし、敬子は××たちに夢中になり、職探しもそっちのけで〈推し〉の日々に埋没。そして、〈(前略)まるで憑かれたように踊り狂う彼女たちを見て、どうして彼女たちが好きなのか、敬子はすとんと理解できた。この黒魔術みたいな踊りで、もしかしたら、普段彼女たちを操っている男たちを殺せるんじゃないか、このダンスでいつか本当に殺すんじゃないか、と信じられるほどの気迫を感じるからだ。そこには希望があった、確かな〉という心境に達します。

カナダで同性の恋人エマと暮らす、敬子の妹の美穂子。かつての敬子の職場で今も派遣として働いていて、敬子に陰湿なセクハラを仕かけた男性社員を〈私が倒す〉と胸に誓っている20代の歩。アイドル時代にとても気持ちの悪い思いをして、それをきっかけに引退し、今は魔法少女のアニメにはまっている24歳の真奈。男性社会が押しつけてくるルールを「なあなあ」で無効化してしまうおばちゃんたち。新生児を抱えている由紀。遠い未来を生きている少女たち。そして、物語終盤で重要な役目を担う××。この小説には敬子以外にも、さまざまな女性が登場し、「おじさん」が作ってきた社会の理不尽を露にしていきます。

〈わかんないけど、日本って特に、悪い意味で、女性のことしか見ない国だよね。家父長制が徹底してるっていうかさ。女性にそうさせている男性の存在は無視して、女性だけを問題にして、非難することが当たり前になってる。そのシステム自体は絶対に問題視しない。これじゃ男性はまるで透明人間〉

〈(トヨザキ註・外国では薬局で売られていたり無料だったりするピルが日本では入手しづらいエピソードの中で)日本社会は、女性が楽をすることに、快適に暮らすことに、選びとることに、なぜか厳しい目を向ける社会だった。女性が自分の体をコントロールすることを良しとしない社会だった〉

〈抗い続けなければ、どの瞬間にも、「おじさん」の悪意に、「おじさん」がつくったこの社会の悪意にからめ取られてしまう。常に防衛するのが当たり前の、「普通の生活」を日々

送っている日本の女性たち〉
〈女が大統領になるくらいだったらあらゆる面で醜悪な「おじさん」を大国の大統領に据えて世界を危険に晒すほうを選ぶように、急病人の命を救うことよりも男の聖域である相撲の土俵に女が上がることのほうが許せないように、深刻な環境破壊よりもそのことを真剣に訴える三つ編みの女の子の口調が気に入らないように、このままきっと「おじさん」によって国が滅び、世界が滅びる。「おじさん」によってみんな死ぬ〉

子供をたくさん産めば〈お国のためにえらい〉と上機嫌で褒める。若い女の子に従順さや愛らしさを要求する。女性が怒ると、それがどんなに正当な怒りであっても「感情的になるなよ」と小バカにしていなす。女性から名字を奪う。女児や女性を性的な視線で舐める。そのすぐ延長線上にあり、いまだじゅうぶんな対策は取られていない痴漢や盗撮やレイプといった犯罪。相手が自分よりも低い存在だと示すために行うマウント。いじりといじめ。

この小説の中には「おじさん」性の悪い面がこれでもかとばかりに提示されています。なので、読んで怒りや反発を覚えた人や、「被害者意識が強過ぎるんじゃないの？」と思った人は自分アラートを発動させたほうがいいです。あなたの中に「悪いおじさん」がいる証拠ですし、あなたが他者の痛みに鈍感な人間である証左ですから。小説の中でも描かれていますが、「おじさん」は中年以上の男性に限らない。小学生にもいます。かつてわたしがそうだったように、女性の中にもいます。『持続可能な魂の利用』は、だから、自分の中の「おじさん」発見器として有効な小説でもあるんです。

〈「おじさん」から少女たちが見えなくなった〉という衝撃的な未来像から幕を開け、なぜその未来が到来したのかが明らかになる第二部で幕を閉じるこの小説を読んでいる最中、わたしの中の「小さなおじさん」は身をよじって恥じ入っていました。そして読後、「小さなおじさん」なんかじゃなく、敬子の代わりに陰湿なセクハラ男性社員をやっつける歩が肌身離さず持っている〈ピンクのスタンガン〉こそを心の中に具えていたい、〈毎日がレジスタンス〉を合言葉に敬子たちと連帯したいと願うに至ったのです。

だから、男性にこそ読んでいただきたい。男性の感想が聞いてみたい。男性と話し合ってみたい。それがこの小説が今の時代に生み出す「希望」。『持続可能な魂の利用』は、「おじさん」が作り出した絶望から始まって、この世界に生まれるべき希望を描いた小説なのです。

2020.8.6

遠野遥は、文芸界のニュースターだ！

「全然、自分ではそんな変なキャラクターにしようとか思ってなくて、逆に、もう人によってはけっこう、気持ち悪いとか、共感できないとか、怖いとかおっしゃるんですけど、そんなふうに書いたんじゃないのになって思いますね。もう少し親しみを持っていただけたらと思います」（第163回芥川賞受賞者記者会見にて）。2020年7月15日、遠野遥氏の『破局』が第163回芥川賞を受賞した。平成生まれ初の芥川賞受賞者で、本作は2作目での受賞。受賞会見ではその受け答えにも注目が集まった。

ＳＦ翻訳家にして書評家の大森望と長年にわたって芥川賞＆直木賞のウォッチングをつづけ、『文学賞メッタ斬り！』シリーズなんて対談本まで出しているわたくしですが、第１６３回芥川賞を『破局』（河出書房新社）で受賞した遠野遥にはいろんな意味で目を瞠りました（同時受賞は『首里の馬』の高山羽根子）。ニコニコ生放送が芥川賞と直木賞の受賞記者会見を中継するようになって以降、当否の連絡を待ちくたびれて「そろそろ風俗に行こうかなと思っていた」と明かした西村賢太（第１４４回『苦役列車』）や、当時選考委員にして都知事だった石原慎太郎を挑発するかのように「もらっといてやる」と言い放った田中慎弥（第146回『共喰い』）など、話題を呼んだ芥川賞受賞者は何人かいるのですが、遠野遥はそのいずれにも似ていないんです。

まずは、米津玄師ばりの毛量による今時のヘアスタイルと趣味のいい細身のスーツをシュッと着こなしたお洒落なルックスが、これまでの純文学界では異質。でもって、新聞の文芸記者に対する受け答えがニュータイプ。

朝日新聞　今、意外でした、というお話ですけども、うれしさのようなものは？

遠野　ああ、うれしさ。そうですね、ノミネートされると、結果が出るまでけっこうそわそわしてしまうんで、それをもう経験しなくていいっていうのはうれしいですね。

朝日新聞　受賞よりもですか。

遠野　え？

朝日新聞　受賞自体よりもそっちのほうがということですか。

遠野　受賞。まあ受賞、受賞できたほうがいいとは思います。

（トヨザキ註・遠野氏は写真撮影時以外は、ずっとマスクをつけっぱなしだった）

読売新聞　どうも、読売新聞の鵜飼といいます。先ほど写真撮影のときに文藝春秋の代表カメラマンが、ちょっと笑顔でというPRがあったんですけども、終始一貫、白い

遠野　歯がこぼれなかったんですけども。

読売新聞　いや、私としては笑顔のつもりでやってたんですけど、そうは見えなかったですかね。それは残念ですけど。

遠野　そうでしたか。今日、吉田修一選考委員が、主人公というのが、ある種、一方で、社会のマナーに対して神経を使いながら、一方で行動というのが一致していないところがおもしろいってあったんですけど、白い歯を見せないとか笑顔をしないっていうのが、独特の、作者によるマナーなのかなとも思ったりしたんですが。

読売新聞　いや、そんなことはないです。笑ってるほうが、感じがいいですよね。だから。

遠野　じゃあ今、マスクの下には笑顔が。

読売新聞　そうです。

遠野　ちょっと見せていただけます？

　いや、ちょっと、ウイルスとかあるんで。

この慶事を家族には連絡していないのに、「文藝」の新人賞を同時受賞した宇佐見りんさんには報告したとか、おもしろい受け答えを引用紹介しているとキリがないのでこのへんでやめておきますが、遠野氏はずっとこの調子で、会見場にいた記者のみならずニコ生の中継を見ていた人からも苦笑や爆笑、さまざまなトーンの笑いを引き出す受け答えを、自身は表情ひとつ変えずにつづけていたのでした。

で、中でもトヨザキが注目した、というか唸ったのが今回冒頭に挙げた言葉だったんです。遠野氏は受賞作の主人公のことを「自分ではそんな変なキャラクターにしようとか思ってなくて、逆に、もう人によってはけっこう、気持ち悪いとか、共感できないとか、怖いとかおっしゃるんですけど、そんなふうに書いたんじゃないのにな」と言っていますが、すでに作品を読んだ方なら、わたしと一緒に「いや、ヘンだから！」とツッコミを入れてくれるはず。ただ、この「ヘン」は目に見えてわかりやすい現象としての「ヘン」ではなく、誰もが被っているペルソナの下に隠された「ヘン」であるのは確かで、それが『破局』を素晴らしい小説にしているんです。

主人公の〈私〉は母校の高校ラグビー部でOBとして練習を手伝いながら公務員試験突破を目指している大学4年生。政治家志望の意識高い系の彼女・麻衣子はいるものの、最近はあまりうまくいっていなくて、そんなとき、友人のお笑いライブを観に行った会場で灯《あかり》という1年生の女の子と知り合って――。

と紹介すると、大学のキャンパスを舞台にした青春恋愛小説かと思うかもしれませんが、さにあらず。〈私〉のキャラクターが、そんな物語になることを許しはしないのです。将来設計は堅実だし、女性には優しいし、生活態度も良好だし、倫理観も申し分ない。言動の表面だけをなぞっていくとまとも過ぎるくらいまともな〈私〉なのですが、その「まとも」さを支えているのはマナーや常識といった外部から与えられた規範に基づく自分ルールで、思考停止のままそうした自分ルールというレールにただ乗っかって動いている人物だということは、物語のしょっぱなから作者によって示唆されているんです。

高校ラグビー部の練習のあとは監督の佐々木に肉をご馳走になるのがルーティンになっているのですが（そうしたルーティンから逸脱することに慣れない〈私〉は、それゆえに物語後半で肉の供宴が佐々木の都合で中止になると、かなり不穏な内面を明らかにする）、物語冒頭、佐々木の家に向かう車中で飼い主がいないチワワを見かけるエピソードがその一例になっています。信号で止まった車の中にいる〈私〉から目を離さないチワワ。それを気にする〈私〉。しかし、〈そのうちに車が動いたので、チワワはすぐに見えなくなり、私はもうチワワの心配をしなくて済んだ〉。見えないものは存在しないも同然とばかりのこの〈私〉の合理性は、同じパターンでその後も何度か繰り返し読者に提示されます。

朝は早く起き、きちんと朝食をとり、ベッドの上で仰向けになって左手で自慰をし、シャワーを浴び、大学へ向かう。お笑いライブの会場で脚を露出した女性（あとで灯ということがわかる）と隣り合わせになり、わざと自分の脚をぶつけようとするものの〈自分が公務員試験を受けようとしていることを思って〉やめる。女性に親切にするのは小さいころに亡くなったからほとんど思い出がない父親が〈女性には優しくしろと、口癖のように言っていたのだけはよく覚えてい〉て、〈どうして女性に優しくしないといけないのかはわからないが、（中略）ひとつしか覚えていないのだから、せめてそれくらいは守っていたかった〉から。自分に好意を抱いている灯から、公務員試験が終わったお祝いにチョコレートケーキを作ったから家に来てほしいと誘われれば、自分には彼女がいるからそれはできないといったんはきちんと断るものの、ちゃんと言った上でならいいだろうとばかりにキスはして、でも、そのときに抱くのは〈灯の首は、私の前腕ほどの太さしかなかった。もっと筋肉をつけないと、これではあまりにも危ない〉という性欲ともロマンティックとも無縁の感慨。

読み進めれば進めていくほどに、〈私〉の内面の薄っぺらさや思考停止ぶりが明らかになっていくのですが、それは作者によって〈私〉の心の声を教えてもらっている読者にだけわかることで、この物語の登場人物らにとっては、〈私〉はおもしろみには欠けるものの好青年であることに変わりはない。この二重構造を生み出す語りのテクニックを存分に活かしているのも、『破局』の美点のひとつなのです。

語りといえば、長年小説を読んできたわたしが「こんな一人称語りは初めて」と瞠目した表現がこの小説の中に二度出てきます。〈私〉の鍛えられた体に少し興奮した様子を見せた灯に大胸筋を触らせてやったときの〈灯は嬉しそうに笑い、それを見た私も嬉しかったか?〉。せっかく北海道まで旅行に来たのに、性欲が昂進した灯のためにホテルでセックスをしつづけたというエピソード中の〈映画は前日のうちに借りてあったから、一応テレビに映しはした。灯が見たいと言った、ゾンビが人を襲う映画だった。でも灯は私の体を触ることをやめず、ろくに画面を見ていなかった。だから私は、ゾンビの映画であるにもかかわらず、ゾンビが出ないうちに灯を押し倒した。これは相手の同意がない場合、罪にあたる行為だが、灯は私の下で幸福そうに笑っていた。それを見た私も幸福だったか？〉。自分の感情なのに、己の中の誰かに確認せずにはいられない。自我に対する不信感をこのような語り方でほのめかす小説に、不勉強ながらわたしは初めて出合いました。

この「だったか？」語りが示す内面のからっぽ感を、しかし、小説中に一度だけ、〈私〉が自覚できるかもしれないチャンスが訪れるんです。やはり北海道旅行の最中の出来事なのですが、灯のために何か温かい飲み物を買ってやろうとしたのに、その自販機に温かい飲み物がなかったというシークエンス。

〈私は灯に飲み物を買ってやれなかったことを、ひどく残念に思った。すると、突然涙があふれ、止まらなくなった。

なにやら、悲しくて仕方がなかった。しかし、彼女に飲み物を買ってやれなかったくらいで、成人した男が泣き出すのはおかしい。私は自動販売機の前でわけもわからず涙を流し続け、やがてひとつの仮説に辿りついた。それはもしかしたら私が、いつからなのかは見当もつかないけれど、ずっと前から悲しかったのではないかという仮説だ。〉

いいぞ！　よく気づいたぞ。そうだぞ。ずっと彼女と呼べる存在がいて、親に私立のいい大学に通わせてもらって、鍛え抜かれた健康な肉体を有しているという恵まれた表面をまとっただけの内面からっぽ人間なんだぞ、お前は。どうしてそんな自分になってしまったのか、涙をぬぐわず思い返してみろ！

心の中で応援したわたくしだったのではありますが、〈私〉はそうした恵まれた条件を数え上げた末に〈悲しむ理由がなかった。悲しむ理由がないということはつまり、悲しくなどないということだ〉と結論づけ、〈自動販売機から離れ、けろっとして灯の待つバス停に戻った。悲しくないことがはっきりしたので、むしろ涙を流す前よりも晴れやかな気分だった〉ですませてしまうんです。

そんな回心しなかった〈私〉にどんな〝破局〟が訪れるかは、これから読む人のために明かしませんが、新聞で10行くらいですまされてしまうであろう、つまり起きたことだけなら珍しくはない三面記事的事件における〈私〉の内面の起承転結を追っていくと、拙文の初めのほうで触れたように、〈私〉の「ヘン」は突飛な「ヘン」なんかではなく、遠野氏が会見で述べた「人によってはけっこう、気持ち悪いとか、共感できないとか、怖いとかおっしゃるんですけど、そんなふうに書いたんじゃないのにな」が示すとおり、まっとうに見えるペルソナで隠されているだけで、わりあい多くの人の内面に潜む類いの「ヘン」なのではないかという思いに至るんです。

そうしてまた最初から読み返すと、もしかすると現代の若い世代の多くが抱える空虚さを体現する主人公のありようとラストの〝破局〟にリアリティを与えるために、作者がいかに細部のエピソードに気を配っているかがわかるはず。芥川賞受賞は当然。こういう作品に授賞できる現在の選考委員に拍手を送ります。

最後に、『破局』が好き過ぎてデビュー作の『改良』(河出書房新社)も読んだわたしが言えるのは、「ああ、遠野さんは本当に男女共用のトイレで便座を上げたまま出て行く男が嫌いなのだなあ」ということ(両作を読めばわかる!)。あと、『改良』『破局』と続けて暴力をオチにしているので、3作目は別の展開を見せてほしいなあ、とも。遠野氏には女性ファッション誌からモデルとしての登場依頼もあると、聞いています(引き受けたかどうかは不明)。西村賢太氏や羽田圭介氏がテレビに呼ばれたのとはまた違う方面のオファーが殺到しそうな、文芸界のニュースターの誕生を言《こと》祝《ほ》ぎたい、出版業界のガヤ芸人トヨザキなのでした。

2020.9.12

吉村府知事が忘れても、我々はポビドンヨードを忘れない

「うそみたいな本当の話で、うそみたいなまじめな話をさせていただきたいと思います。皆様もよく知っているうがい薬を使ってうがいをすることによって、コロナの患者さん、コロナがある意味減っていく。コロナに効くのではないかという研究が出ました」（吉村洋文大阪府知事。２０２０年８月４日。さまざまなメディアにて報道）。新型コロナウイルスが猛威を振るっていたとき、吉村知事が行った会見、そう、いわゆる「イソジン会見」である。

演じている役と現実の自分の境が混沌とするほど深く神経を疲弊させた俳優である男とその妻が、転地療養と称して長きにわたり疎遠になっている男の故郷へ旅することになる。雪国の町に降り立ったふたりは、男の実家に向かうバス停の場所を尋ねようと理髪店に立ち寄るのだが、そこである騒動が起きてしまい、妻は事態収拾のために男の姉を呼んでもらう。ところが、現れた姉は、理髪店の女主人と同一人物で——。

だいぶ前の話になって恐縮ですが、２０１４年9月にシアターコクーンで蜷川幸雄演出による芝居『火のようにさみしい姉がいて』が上演されました。『真情あふるる軽薄さ』や『タンゴ・冬の

終わりに』といった名作で知られる清水邦夫の戯曲です。

暗い舞台の上にぽつんと灯りを放つ赤青白からなる理髪店のサインポール。男が俳優で、妻も元俳優という設定によって、さまざまな時空で重なっていく虚実。何が本当で何が嘘なのか幕が下りてもわからない、謎を謎のままにしておくドラマツルギー。別役実戯曲の影響を少しだけ感じさせる、このわけのわからない作品が、わたしは清水戯曲の中で一番好きです。

劇場楽屋の鏡と理髪店の鏡を巧みに利用することで、合わせ鏡が生み出す無限と夢幻のごとき効果によって、この戯曲の謎をより強靱な謎へとグレードアップさせた蜷川幸雄の演出と、大竹しのぶ（姉）、段田安則（男）、宮沢りえ（妻）の、火のように烈しく水のように融通無碍な演技も相まって、上演から6年が過ぎた今も忘れられない舞台なのですが、そのステージに負けないほどの感銘を受けたのが公演パンフレットに載っていたブルボン小林の「我々には『言葉』が足りない」というエッセイだったんです。

おそらくは著書『ぐっとくる題名』（中公新社ラクレ）のように、この作品の奇妙なタイトルを論じてほしいという制作サイドの要請によって書かれたのであろうこの文章は、皆さん覚えておられるでしょうか、あの使途不明金について記者会見で号泣した兵庫県県議のエピソードから始まっています。

〈だが、大号泣した、あの派手な記者会見よりも、その後でインターネットのブログに載せた彼の謝罪の言葉の方に僕は驚いた〉〈日本語がとても拙いのだ〉〈そっちにこそ（昨今のいろいろ変なことに対する）不安の真相がある。彼はもっともらしく言葉を並べているのに、彼自身が言葉のグリップをまるで摑んでいない。我々には今、圧倒的に「言葉」が足りない〉

その前置きから、ブルボンは清水邦夫が芝居の題名に詩を引用することについての論考へと言葉をつないでいく。そして、〈いわば「二人掛かりの言葉」〉である「引用」は頼りがいがあり、〈さらに引用が詩であることにも信頼がある〉と論を広げていき、今誰も詩に目もくれないから〈変な県議が不気味な記者会見をするのである！〉、なぜなら難解な現代詩は〈我々の生活とは無縁の高いところにあってただみあげるものになってしまっ〉ているけれど、〈我々は茶番のような現実の景色に倦んでいるし、おかしいと不安に思っている。「簡単な答え」ではない（難解であっても、本当にほしい）答えに寄り添ってくれる言葉を、潜在的には我々は求めているはずだ〉と前のめりに語り、〈火のようにさみしいという比喩は「不可解」だが、意味も分からずにじっとみつめさせる小さな力がある〉という言葉を置く。

難解な言葉、不可解な言葉が足りない。自分の中に取り込もうとする気持ちも足りない。簡単で単純で一面的でわかりやすい言葉で、わたしたちがお手軽な答えを求めがちなことに対し、ブルボン小林は警鐘を鳴らしているんです。

で、残念ながら、この傾向がますます強まっていると思わざるをえないのが２０２０年の日本です。その一例が、吉村洋文大阪府知事による8月4日のイソジン会見。大阪府内の宿泊施設で療養中の新型コロナウイルスの軽症患者がポビドンヨードを配合したうがい薬を使ったところ、唾液内のウイルスが使用しなかった場合と比べて減少したとの調査結果を発表し、「研究段階で効果は確定的ではないが、ポビドンヨードを使ってのうがいの励行を呼びかけたい」と、いささか興奮気味に述べた例の一件です。「買い占めはやめてほしい」とは呼びかけたものの、案の定、うがい薬はドラッグストアからたちまち姿を消したわけですが、その後、専門家筋はこの〝研究〟を否定。頬を紅潮させ、あんなにうれしそうにイソジン効果を謳い上げていたくせして、吉村府知事は今現在そんな会見はなかったかのように、少なくともＴｗｉｔｔｅｒ上ではポビドンヨードの「ポ」の字も書き込まなくなっています。

ま、勇み足というやつですよね。でもね、吉村（ひいては大阪維新の会）に限らず、政治家なんつーものは選挙民に媚びるためにこの手の「わかりやすい」言葉を連呼しがちなわけです。ドラッグストアで買えるような、なんなら家に常備しているようなうがい薬で新型コロナウイルスが予防できるかもしれない。そういうわかりやすい言葉に対し、すぐさま「やったー！」もしくは「すわ！」と飛びついてしまわないよう、わたしたち受け手が成長しなければ、いつまで経ってもこの手のアホは下手な踊りをやめようとしないんです。

〈こんな私にも理解できる、わかりやすい○○を提供してください、という、ひとまずの謙遜から盛大な異議申し立てや要望を投じてくる流れは、この世の中のあちこちに点在している。私の眉間にシワがよっているのはあなたのせいなんだから、というクレーム精神がすくすく育ち、他人の主張に浸蝕していく。わかりやすいものばかり咀嚼すれば、嚙み砕く力は弱くなる〉とあるのは武田砂鉄の『わかりやすさの罪』（朝日新聞出版）です。

〈どうしてわからせてくれないのか、どうして私が知らないことを言うのか。鎮座した自分の目の前を通り過ぎていく情報に対して、フィットするものだけを選ぶようになった。氾濫する情報の中で、人は、氾濫の中に巻き込まれるのを避けるために、動きを止めて、わかるものだけをわかろうとするようになった〉

武田はこの本の中で、わかりやすい言葉と単純な思いつきによって、AからZへと向かう途中で浮かぶ大事な疑問や逡巡や思考をすっ飛ばして、簡単に結論に至ろうとすることを「良し」とする風潮に対し手を変え品を変え異議をぶつけ、じゃあどうしたらわかりやすさという罠にはまらないでいられるかを自ら考え抜くことで、読者であるわたしにたくさんの「？」を突きつけてくる。「俺はこう思う、じゃあお前は？」と迫ってくる。今が胸突き八丁の刻《とき》なのだということを伝える迫力に満ちた論考になっているんです。

〈他者の想像や放任や寛容は、理解し合うことだけではなく、わからないことを残すこと、わからないことを認めることによってもたらされる。「どっちですか?」「こっちです」だけでは、取りこぼす考えがある。あなたの考えていることがちっともわからないという複雑性が、文化も政治も、個人も集団も豊かにする。参考書売り場ではないのだから、日々の生活に「わかりやすい」ばかりが並ぶのは窮屈である。わかりやすさに縛られる社会をあれこれ疑いつつ、考察していく〉という基本姿勢で、『恋愛観察バラエティー あいのり』やビジネスパーソンに向けて良書を3000字程度に要約するサービス、ネットの中の乱暴な言説のひとつ「論破」、池上彰の番組と話法、NHKの放送基準、笑うべきではないところで笑う映画の観客、売れる文章、映画のキャッチコピー、明石家さんまが統率する笑いの空間、政治家の行為と発言、『あいちトリエンナーレ2019』の「表現の不自由展・その後」といった、さまざまな事象や現象に向き合い、思考と言葉を誠実に展開させていきます。

しかも、この本にはもうひとつ美点があって、それは先行書物の紹介です。武田は持論を展開する際、自分がこれまでに読んで思索の役に立ったたくさんの本から優れた一節を引用。その援用の仕方が巧みなので読みたくなってしまうんです。たとえばわたしの場合なら、河合隼雄『こころの処方箋』の新潮文庫版。

〈谷川俊太郎が「二つの言葉」と題した文庫版解説を、「河合さんがよく口にされる言葉が三つある。ひとつは『分かりませんなあ』、もうひとつは『難しいですなあ』、そして三つ目は『感激しました』である」と切り出す。河合さんならば何だって答えてくれそうなのに、いざ聞いてみると「分かりませんなあ」「難しいですなあ」と返ってくる。それでも「がっくりくるかというと、それがそうでもないのだから妙だ」。それはなぜなのか。「河合さんの『分かりませんなあ』は、終点ではない。まだ先があると思わせる『分からない』なのだ」「つまり河合さんと私は『分からないこと』において気持ちが通じる」とある〉

〈どこへ転がるかわからない、広がっていくかわからない、そんな言葉の跳躍力にすがり、期待する姿勢〉で粘り強く「わかりやすさの罪」を考えつづける武田は、他者の〈言葉の跳躍力〉にも敏感で、だから引用される書物はどれも魅力的で読みたくなるんです。

書評家として帯文に頼るのは情けない限りですが、まさに「納得と共感に溺れる社会で、与えられた選択肢を疑うために」大勢の人に読んでほしい一冊。わたしたちの選択肢は「吉村府知事の主張を信じてイソジンを買う」「吉村府知事なんてそもそも嫌いだからイソジン会見もバカにして終わり」のふたつだけではない。わかりやすい言葉のうしろに広がっている、たくさんの疑問や可能性、不可能性、省略された（あるいは隠蔽された）意図、異論反論、共感などに考えを巡らせ、一足飛びにわかった気にならず、ゆっくり咀嚼する。そういう癖をつける。実を言えば、「吉村府知事なんてそもそも嫌いだからイソジン会見もバカにして終わり」だったわたしには耳が痛い、示唆に満ち満ちた本なのでした。

2020.10.6

推すことの「救いと絶望」を示す『推し、燃ゆ』

「ワクワクしますね。初心を思い出してやるしかない」（菅井友香／欅坂46　2020年9月28日『ENCOUNT』）。2020年9月、「欅坂46」としての5年間の活動を終え、「櫻坂46」へと改名して再出発を発表して、キャプテン菅井友香が語った。同時期、推しの真理を抉った純文学小説『推し、燃ゆ』（河出書房新社）が出版された。

2020年10月12、13日のラストライブをもって欅坂46としての活動を休止し、櫻坂46と改名。絶対的エースにして楽曲の持つメッセージ性の体現者でもあった平手友梨奈（様←こうした原稿では呼び捨てにするのが通例だけれど、どうしても呼び捨てにできない心情をお察しください）が脱退したときからファンはグループの存続を危ぶんではいたわけで、解散ではなく「改名」ですんだのは慶事というべきなんだけど、でも、10月14日以降このグループからは平手（様）の〝匂い〟は一掃されるんだろうなと思うと、トヨザキはちょっと淋しかったりします。

たいていの人は気持ちの濃淡に差はあれど誰かや何かを推した経験があるかと思うのですが、わたしの場合、「ガチ勢」と呼ばれる皆さんの熱量に匹敵するほど好きになったのは3歳のときに魅了された長嶋茂雄（様）。現在はのん（能年玲奈様）と平手（様）を推してはいますが、長嶋（様）に傾けたほどの情熱かと問われればうつむくよりほかありません。

というのも、恐ろしくなってしまったからだと思われます。推しが褒められたり活躍すればちょっとどうかというほど胸が沸き立ち、推しが批判されたり貶められたりすれば我が事のように深く傷ついてしまう。推すという行為は歓びと同じくらいの強度の苦痛を伴うわけで、そうした気持ちの乱高下が59歳の身にはこたえるようになったという次第です。

そんなぬるい人間が最近推している作家のひとりが、9月17日にデビュー作の『かか』（河出文庫）で第33回三島賞を受賞した宇佐見りんです。受賞作は19歳のうーちゃんによる一人称小説で、精神不安定な母親との愛憎こもごもの関係を独特の文体で描いているのですが、その中で作者は語り手に心のよりどころを用意してやっています。それは鍵をかけたアカウントで参加しているSNS。うーちゃんは大衆演劇の西蝶之助という女形が大好きで、気が合うフォロワー20人くらいとそこで交流しているんです。で、2作目の『推し、燃ゆ』（河出文庫）はその設定をさらに深化させており、「文藝2020年秋季号」掲載時には、タイトルゆえか、普段文芸誌を読まない層にまで読者を広げ、SNSで話題にもなりました。

語り手はアイドルグループ「まざま座」のメンバー上野真幸の活動を追うことに心血を注いでいる高校生の〈あたし〉ことあかり。彼女が初めて推しを認識したのは4歳のときで、当時12歳の推しがピーターパンを演じる舞台を観たことがあったのです。とはいえ、推し始めたのはずいぶんあとになってのことで、高校に上がったばかりのころ。5月の体育祭の予行練習を休んだ日、ベッドの下から出てきたピーターパンの舞台のDVDを観たのがきっかけでした。

〈真っ先に感じたのは痛みだった。めり込むような一瞬の鋭い痛みと、それから突き飛ばされたときに感じる衝撃にも似た痛み。窓枠に手をかけた少年が部屋に忍び込み、ショートブーツを履いた足先をぷらんと部屋のなかで泳がせたとき、彼の小さく尖った靴の先があたしの心臓に食い込んで、無造作に蹴り上げた。〉

〈一点の痛覚からぱっと放散するように肉体が感覚を取り戻してゆき、粗い映像に色と光がほとばしって世界が鮮明になる。〉

〈ピーターパンは劇中何度も、大人になんかなりたくない、と言う。（中略）あたしは何かを叩き割られるみたいに、それを自分の一番深い場所で聞いた。昔から何気なく耳でなぞっていた言葉の羅列が新しく組み替えられる。大人になんかなりたくないよ。ネバーランドに行こうよ。鼻の先に熱が集まった。あたしのための言葉だと思った。〉

そこからガチ勢と化すまでは一直線。メンバーの人気を決める投票権がついていて、10枚買うごとに好きなメンバーと握手できる権利がもらえる2000円の新曲CDを15枚以上買って応援するだけではなく、それまでに推しが発した膨大な情報をできる限り集め、放送された番組はダビングして何度も観返し、推しの発言をすべて書き起こす。そんなあかりの〈スタンスは作品も人もまるごと解釈し続ける〉ことを文章化して公開したブログの閲覧は増え、まざま座のファンが交流する場になっています。

しかし、あかりのリアルはといえば低調至極。〈みんなが難なくこなせる何気ない生活もままならなくて、その皺寄せにぐちゃぐちゃ苦しんでばかりいる〉んです。でも、〈推しを推すことがあたしの生活の中心で絶対で、それだけは何をおいても明確だった。中心っていうか、背骨かな〉とあかりは信じています。勉強して、バイトして、そのお金で友達と遊んだり買い物をしたりすることで、ほかの人たちは〈そうやって人生を彩り、肉付けることで、より豊かになっていくのだろう。あたしは逆行していた。何かしらの苦行、みたいに自分自身が背骨に集約されていく。余計なものが削ぎ落とされて、背骨だけになってく〉と。

夏休みは推しにつぎこむお金を工面するためにバイトに精を出すのですが、そのバイト先でも失敗ばかり。おまけにファンを殴ったことから炎上騒ぎになってしまった一件の影響もあって、あかりの推しは人気投票で最下位の5番目に。夏の間に極端に痩せたあかりは2学期に入ると保健室にばかりいるようになり、留年が決定し、中退することを決意します。おまけに失敗つづきだったバイトもクビに。母方の祖母の葬儀のため、海外赴任先から一時帰国した父親からは就活を促され、「厳しいことを言うようだけど、ずっと養っているわけにはいかないんだよね、おれらも」と言われてしまいます。話し合いは決裂し、あかりは亡くなった祖母の家にひとりで住むことになり、しばらくの間最低限の生活費をもらうことになるのですが、そんな矢先、推しのグループが解散し、推し自体も芸能界からの引退を宣言するという衝撃に見舞われるのです。〈推しが燃えた。ファンを殴ったらしい。〉という文章からスタートするこの小説は、おそらく純文学の世界で初めてガチ勢の心理に深く分け入った小説になっています。

〈世間には、友達とか恋人とか知り合いとか家族とか関係性がたくさんあって、それらは互いに作用しながら日々微細に動いていく。常に平等で相互的な関係を目指している人たちは、そのバランスが崩れた一方的な関係性を不健康だと言う。（中略）見返りを求めているわけでもないのに、勝手にみじめだと言われるとうんざりする。あたしは推しの存在を愛でること自体が幸せなわけで、それはそれで成立するんだからとやかく言わないでほしい。〉というあかりの声に、全世界のガチ勢は烈しく首肯するのではないでしょうか。

〈お互いがお互いを思う関係性を推しと結びたいわけじゃない〉
〈携帯やテレビ画面には、あるいはステージと客席には、そのへだたりぶんの優しさがあると思う〉

推しに妄想を抱いて怖い思いをさせるような不埒な輩とは対極。あかりはファンの鑑のような子だと思わざるを得ません。

〈推しを本気で追いかける。推しを解釈してブログに残す。〉

学校の勉強こそ不出来ですが、推しのことを誠実に〈解釈〉する能力は大変高く、ブログの文章も落ち着いてしっかりしており、実在の人物だったら、わたしはこの連載の担当でもある盟友の編集者アライユキコに「ＱＪＷｅｂに書かせたらどうか」と進言したいくらいです。あかりの出来のいい姉が受験勉強に真摯に打ち込むことと、あかりが推しの解釈に血道を上げることは同じくらい尊いと、わたくしは声を大にして言いたいっ！

が、しかし、ところが……そんな尊い熱量で推しを推していたがゆえにこそ、グループの解散が決まって以降のあかりの生活はというと、もう見ていられません。見ていられないのですが、それを描写する作者の筆致が素晴らしくて、読まずにはいられないっ！　たとえば、にわか雨が降ったことに気づかず濡れてしまった洗濯物を前にしたこの文章。

〈たわんだ物干し竿に濡れて色が濃くなった洗濯物がひしめいていて、これって洗い直さなきゃなのかなあ、と思いながらバスタオルをしぼっていると、ばたたと落ちていく水の音が体のなかの空洞にひびきわたる。草の上に落ちる水の重さがそっくりそのまま面倒くささだと思い、ぜんぶ手でしぼってから放置した。そのうち乾くだろうと思った。〉

デビュー作で〈かか語〉なる独特の語りを創出した宇佐見りんは、弱冠21歳とは思えないほどの文体力の持ち主で、全文引き写したくなるほど引用の誘惑に駆られる小説家です。本当はラストの段落も紹介したくてたまらないのですが、これから読む方のためにぐっとこらえます。こらえますから、「小説においては文章表現が大事」と思っている方は是非ご自分の目で確かめてください。そいしたら、おまいはぜってえおどろいて、あたしに「ありがとさんすん」言います（かか語の真似っこ）。

推しを推す。その光と闇、歓びと苦痛、熱と凍《し》みを描きながら、生きにくさを抱えている人間にとっての推しの存在そのものの意味にも肉薄。すべての推す人たちにとっての救いの書であると同時に、絶望の書でもある『推し、燃ゆ』を、わたしは強く強く推す者であります。

2020.11.7

〈悪〉はいつも、親しみやすい貌で近づいてくる

「江田さんですから、私も『全集中の呼吸』で答弁させていただく」（菅義偉内閣総理大臣『朝日新聞デジタル』２０２０年11月2日）。２０２０年11月2日、衆院予算委員会。立憲民主党の江田憲司の質問に『鬼滅の刃』のセリフを引用した菅首相の答弁が話題を呼んだ。

〈国が小さい、というのはよくある話だが、《内ホーナー国》の小ささときたら、国民が一度に一人しか入れなくて、残りの六人は《内ホーナー国》を取り囲んでいる《外ホーナー国》の領土内に小さくなって立ち、自分の国に住む順番を待っていなければならないほどだった。〉

アメリカの作家ジョージ・ソーンダーズの『短くて恐ろしいフィルの時代』（岸本佐知子訳　河出文庫）は、こんな一節から始まります。

外ホーナー人たちは〈一時滞在ゾーン〉に身を寄せ合って立っている惨めな風体の内ホーナー人を差別していて、内ホーナー人は内ホーナー人で自分たちの小さな国を取り囲む広い空間で足

を伸ばしてくつろいでいる外ホーナー人に対し憎しみを覚えています。

〈かくして国境のあっち側とこっち側で、敵意のこもった視線や、聞こえよがしの悪態や、ときに面と向かっての罵声が飛び交う状態が、もう何年も続いていた。〉

そんなある日、内ホーナー人たちは、国土がさらに小さくなってしまうという悲劇に見舞われます。で、ちょうどそのとき、国内に住んでいたエルマーの体の4分の3が国外に出てしまい、外ホーナー国の国境警備員レオンと市民軍の面々フリーダ、メルヴィン、ラリーの一行が駆けつけ、険悪な雰囲気に。ラリーはなんとかエルマーの体を内ホーナー国に戻そうとするのですが、どうしてもはみ出してしまいます。そこへやって来たのが、〈誰からも、ややひねこびているという以外にこれといって目立ったところのない平凡な中年男と思われていた〉フィル。「税金を取ればいい」と入れ知恵する彼には、かつて内ホーナー人女性のキャロルに失恋をしたという暗い過去があります。

と、ここでストーリー紹介をいったん中断して、ホーナー人たちの外見について説明させてください。彼らは機械の部品と有機体が合体したような体を持っていて、キャロルの〈黒くつややかなフィラメント、振り子のように揺れ動く半透明の皮膜、露出した背骨のゆるやかなカーブ、毛皮におおわれたグローブ状の突起物でしとやかにベアリングを掻くしぐさ〉にぞっこんだったフィルはというと、興奮すると〈脳を巨大なスライド・ラックに固定しているボルトがときどきはずれ、脳がラックを勢いよく滑って、地面にどさっと落ちてしまう〉といった具合で、読み進めていくとわかりますが、そんなときのフィルはとても危険。脳みそを落としたせいか、考えなしに熱狂的な演説をかますデマゴーグと化してしまうからです。

閑話休題。さて、国境をはみ出してしまう内ホーナー人たちから税を取り立てればいいというフィルの提案はほかの4人にあっさり受け入れられ、いい気になったフィルはいかに外ホーナー国が偉大か、いかに自分たちが優秀か、いかに内ホーナー人がみじめかとまくし立てます。〈たしかに、長年《一時滞在ゾーン》に窮屈にくっつきあって立ち、こみいった数学の証明問題を互いにひそひそ出しあって待ち時間をやり過ごしてきたせいで、内ホーナー人たちはみなひ弱で、背も低かった〉一方、〈ありあまるほどの土地をのびのびと闊歩してきたおかげで、よく肥って色つやもよく、おまけに数学の証明問題のスの字も知らなかった〉外ホーナー人たち。フィルをはじめとする5人は、内ホーナー国から容赦なく資産を奪うんです。

〈ごく小さなリンゴの木∴一本。干上がりかけた小川∴一筋。乾いてひびわれた土∴およそ百リットル。〉

食べ物や飲み物に欠くようになった内ホーナー人たちは、外ホーナー国の大統領宛てに窮状を訴える手紙を書きます。はるか昔、学生だったころに1学期だけ内ホーナー国に留学した経験があり、内ホーナー国びいきと評判の大統領だったからです。ところが高齢の大統領は、フィルに言いくるめられるかたちで、これまでなかった〈一時滞在ゾーン取税法〉が存在したかのように錯覚させられ、あまつさえ〈国境安全維持特別調整官〉にフィルを任命したということにされてしまうんです。

大きな権力を手に入れたフィルは、ものすごく体が大きくて、筋骨たくましく強面のハンサム青年、ヴァンスとジミーをボディガードに雇い、〈胸に《フィルの親友隊》と書いた、おそろいの赤いぴちぴちのTシャツ〉を着せたふたりを率いて、力づくで内ホーナー人たちから着ている服まで税として奪い取ってしまいます。そして、抵抗する内ホーナー人を〈侵略者〉と呼び、〈解体する〉ことを宣言。親友隊のふたりに命じて、かつて片思いをしていた内ホーナー人女性キャロルの夫であるキャルを各種ねじ回しとペンチ2本を使って〈物言わぬベルトのバックルとツナ缶、青い点、それにいくつかの連結パーツの寄せ集めに〉してしまうんです。

と、ここまでのあらすじを読んだだけで、これがナチズムやスターリニズム、南アフリカのアパルトヘイト政策、ジェノサイドの寓話だということがわかると思います。でも、この小説のすごさは、〝悪〟はわかりやすい貌で登場しないということを描いている点にあるんです。

フィルは取り柄のない平凡な中年男でした。フィルが雇ったヴァンスとジミーはもともとは気の優しい力持ち。このふたりのやりとりはまるでボケとボケの漫才みたいで可笑しくて、可愛らしいコンビとして、読者の前に現れます。

〝悪〟はいかにも憎々しい貌や剣呑な雰囲気をまとってわたしたちに忍び寄ってくるのではなく、パンケーキを食べたり人気マンガのセリフを口にする無害そうな老人の皮を被って握手を求めてくるのかもしれない。フィルがそうであるようにマスコミをコントロールして、パンケーキを食べるシャイなお爺さんの貌をあちこちの媒体や電波に乗せて安心させてくるのかもしれない。教育を受けたくても受けられなかった人たちの一部が抱く、学問への憧れが反転した反発を利用して、自分の政策に反対する知識人を迫害しようとしてくるかもしれない。わたしたちはそんな権力者が何をしようとしているのか注視しつづけなくてはならない。『短くて恐ろしいフィルの時代』は、読者に警戒心を発動させてくれるんです。

さて、大統領を宮殿ごと排除するというクーデターを成功させ、新大統領の座に就いたフィルはいよいよ内ホーナー国を侵略にかかります。そして、以前からフィルに懐疑の目を向けていた市民軍の一員フリーダ（あらすじの最初のほうに登場してます）が反対の声を上げるや、彼女を解体。

〈みんなもいい教訓になっただろう！　不忠誠、指導者に何度も異議を申し立てて権威の失墜を狙う卑劣さ——それら憎むべき内ホーナー人どもに特有の憎むべき傾向は、われわれ外ホーナー人の内にも芽生えうるのだ。お前たちだって、いつ何どき体が縮んで、数学の証明問題を解きださないとも限らない。われわれはよくよく警戒しなければならない。

自戒しなければならない。ジミー、ヴァンス。フリーダがわれわれの自戒の助けとなるよう、フリーダの部品を魅力的かつインパクトあふれる手法で展示するのだ。〉

そう、〝悪〟はインテリ憎悪の貌を露わにすることがままあります。そしてフィルのように、自分同様、己が持ち合わせていない知識を有する者を憎々しく思っているタイプの民衆（日本でいえばネトウヨですね）の感情を利用して、自分に反対する者（敵）vs. 賛成する者（味方）という単純な（つまり、わかりやすい）構図を作り、社会の分断化を統治に利用しようとするんです。

でも、歴史が証明するとおり、〝悪〟の天下は永続しません。この寓話もまた、外ホーナー国を幅15センチほどの帯状の輪となって取り囲んでいる〈大ケラー国〉の登場によって、フィルの暴走に歯止めがかかるという展開を迎えます。

総勢9名からなる国民が幅15センチの国土の上を〈大統領を先頭に一列に並び、日がな一日にこやかに、なごやかに、しずしずと歩を進めつつ〉、〈国民総楽しさレベル〉のなお一層の向上だけに努めているという大ケラー国が、どのようにフィルに鉄槌を下すのかは読んでいただくとして、しかし、作者のジョージ・ソーンダーズはこの寓話を「めでたし、めでたし」では終えていません。〝悪〟の萌芽を摘むことは誰にもできないことを警告して震撼必至のシーンを最後に置いているんです。

この未来永劫読み継がれていくべき優れた寓話は２０１１年に岸本佐知子訳によって角川書店

から出ているのですが、今や品切れ状態。由々しき事態と、トヨザキは思います。安倍晋三（ひいては菅義偉）的なもの、ドナルド・トランプ的なもの、習近平的なものが力を持ち、支持を得ている危うい時代である今こそ、笑いながら読んでいるうちに背筋が凍る傑作『短くて恐ろしいフィルの時代』が大勢の人に読まれてほしいのです。

＊その後、河出書房新社から文庫復刊されました。

2020.12.6

バカ強いホークスに負けない！《2020年最強文芸ベストテン》

2020年のプロ野球は、前代未聞のコロナ禍での開催となった。開幕は3カ月延期され、無観客試合に続き、観客数の入場制限を行った。交流戦も開催されず、セ・リーグ優勝の巨人と闘った日本シリーズは福岡ソフトバンクホークスの圧勝。10月の怒濤の22勝4敗と、日本シリーズは4連勝と最強軍団ぶりを見せつけた。

今シーズンの福岡ソフトバンクホークスは強かった。ひょっとすると、V9を達成したころの川上監督率いる東京読売ジャイアンツくらい強かったのではないか。いや、王や長嶋のような国民的スター選手を欠いていると考えれば、今年のホークスの強さのほうが本物とすらいえるのではないか。そのくらい10月怒濤の22勝4敗と11月に開催された日本シリーズの快進撃は記憶に残るものでした。

千賀滉大（ピッチャー）

1番　周東佑京（セカンド）

2番　中村晃（ファースト）
3番　柳田悠岐（センター）
4番　ジュリスベル・グラシアル（レフト）
5番　栗原陵矢（ライト）
6番　アルフレド・デスパイネ（DH）
7番　牧原大成（ショート）
8番　松田宣浩（サード）
9番　甲斐拓也（キャッチャー）

というわけで、文芸バカのトヨザキは考えたわけです。今年、自分が読んだ本の中から10作品を選んで、ホークスに負けないくらい強いスタメンを組んでみようと。

■ピッチャー――『おおきな森』古川日出男

まずは、登板間隔に間が空くのも仕方ないと思えるほど、発表する作品の多くがメガトン級の超大作である古川日出男渾身の一球『おおきな森』（講談社）を。

『銀河鉄道の夜』を彷彿とさせる列車に乗り合わせた、丸消須ガルシャと防留減須ホルヘー、振男・猿＝コルタ。コールガール失踪事件を調査するため、東北からの出稼ぎ者たちの集住地へ潜入する探偵の坂口安吾。現代の日本で「消滅する海」という手記を書いている小説家の〈私〉。全893ページにもなる小説なので、この欄で詳しいあらすじを紹介するのは無理なのですが、日本の東北／中国の東北、満州／満洲、北半球／南半球、海／森、今／いつか。さまざまな境界が接し、交わりもすれば反発もする時空的に壮大な物語の中に、作者が愛するラテンアメリカなどの文学作品がリミックスされて響き渡る、語り的にも構造的にもポリフォニックな力作なのです。そんな複雑な物語を通して古川日出男が蘇らせそうとしているのは、戦争や災害や迫害によって奪われた命たち。ここ数年のきな臭い政治情勢や、ヘイトが横行する狭量かつ醜悪な世相にも斬り込んでいく『おおきな森』は、まさに2020年における日本文学界のエースと確信します。

■1番セカンド──『ピエタとトランジ』藤野可織

出塁すれば常に2塁を狙ってやまない猪突猛進にしてテクニシャンの俊足、周東選手に匹敵する作品が藤野可織の『ピエタとトランジ　完全版』（講談社）です。

特異体質のせいで、自分が行く先々で自殺や他殺、事故による死体が積み上がっていくことに倦んでいるトランジ。転校を繰り返し友達も作らない彼女に、能天気に近づいていくピエタ。しかし、実際にピエタの彼氏の家にトランジを連れていくと案の定――。事件の真相を、天才級の頭脳で見破るトランジ。そんな彼女に魅せられていくピエタ。短篇集『おはなしして子ちゃん』に収録されたこの女子高生バディ小説に歓声を送った読者の要望に応えるかたちで、ついに今年出たのが「完全版」なんです。

その後も軽やかにスピーディに、怪事件を解決していくことになるふたりだったのですが、しかし、ある人物の言動がきっかけで離ればなれに。ホークスの快速男児・周東が2塁上で立ち尽くすしかないような試合展開のごとく停滞した10年の歳月を経たのち、しかし、ふたりの人生はまた重なり、ピエタは医師としてのキャリアと夫を捨てて、世界を転々とするトランジの探偵稼業に同行することになります。

トランジの特異体質が他者にも伝染していくことで殺人事件が頻発し、人口が減少していく一方の世界を背景に描かれていく、最強のバディが80歳を超えるまで冒険をやめない姿。それが、いい！　全12話からなる連作の中、最初と最後に交わされる「死ねよ」「お前が死ねよ」という言葉に胸がぐっと詰まる、読めば元気と勇気がもらえる「完全版」なのです。

■2番ショート――『十二月の十日』ジョージ・ソーンダーズ

今も昔も2番に据わるのは選球眼がよく、バントを失敗せず、バスターやヒットエンドランもこなせる技巧派です。その意味で選んだ短篇集がジョージ・ソーンダーズの『十二月の十日』（岸本佐知子訳　河出書房新社）。はたから見たら負け組とされるキャラクターを悲哀と笑いのうちに立ち上げ、短い話なのにいつまでも物語世界の中から出て行けない感覚をもたらす術に長けたソーンダーズという作家の魅力と技巧の数々を堪能できる短篇集です。

中でも素晴らしいのが「センプリカ・ガール日記」で、主人公は妻と3人の子供たちを愛するよき父親。物語は、その彼がつけている日記の形式で進んでいきます。子供に誕生日のプレゼントさえ買ってやれない苦しい生活が描かれている前半から一転、スクラッチくじで1万ドルをゲット！　ところが、幸福は長くはつづきません。その理由は、作中に〈SG〉という表記で出てくるセンプリカ・ガール。これが一体なんのことかわかる瞬間ときたらっ！

怖気をふるう結末が特徴的な「センプリカ・ガール日記」と好対照の読み心地をくれるのが、最後に置かれた表題作「十二月の十日」です。脳内で勇者の自分を構築して、いじめられっ子である現実を忘れようとする少年と、重篤な病で死にかけている男。このふたりの人生が、12月10日の凍った湖で思いやりと勇気によって交わる様を描き、〈何度でも誰かに受け入れなおしてもらう感じ、誰かの自分への愛情がどこまでも広がって、自分の中に新たに見つかったどんなダメな部分もみんな包みこんでくれるあの感じ〉を読者の胸に刻み込んでくれるポジティブな逸品なんです。

笑いと悲哀、絶望と希望、苦難と救い。その間で常に揺れ動く、わたしたちの生の諸相を描いた10作品がここにあります。

■3番レフト｜『ホテル・アルカディア』石川宗生

ギータ（柳田）くらいの実力とルックスのよさを兼ね備えたイケメン小説が『ホテル・アルカディア』（集英社）。作者の石川宗生といえば、２０１８年に出たデビュー短篇集『半分世界』で業界を騒然とさせた驚異の新人です。

豊富な知識をもとにした思考実験がユニークなだけでもすごいのに、ワンアイデアに溺れない豊かな語り口に驚嘆必至。筒井康隆作品やラテンアメリカ文学を彷彿させる筆致は、文学の技巧を凝らしてテクニカルであるにもかかわらず難解さとは無縁で、むしろ笑いや物思いを引き出してくれるという、共感性に満ちた素晴らしい一冊だったのです。その待望の新作長篇が、わたしがギータ級の魅力を備えていると信じる本作なんです。

ホテル〈アルカディア〉支配人のひとり娘プルデンシアが、コテージに閉じこもって出てこなくなったのが、事の発端。ホテルに滞在していた7人のアーティストが、プルデンシアに関心を抱き、各々が彼女をモチーフにした作品を制作するようになります。やがて、天岩戸に隠れた天照大神を外に誘い出そうとした八百万の神のごとく、プルデンシアがこもっているコテージのそばで物語を朗読し始める7人。

と、ここからは「愛のアトラス」「性《さが》のアトラス」「死生のアトラス」「文化のアトラス」「都市のアトラス」「時のアトラス」「世界のアトラス」という章題のもと、たくさんの不可思議な物語が、読者を待ち構えています。一見関係のなさそうな物語が、モチーフや人物名で関連づけられていたり、入れ子の構造を呈していたりと、注意深く読んでいくとつながりを見つけることができるはず。さまざまなジャンルの芸術作品が元ネタとして仕込まれているので、それを見つけながら読むのが楽しくて仕方ない作品です。

■4番ファースト│『友だち』シーグリッド・ヌーネス

4番打者には、塁上に取り残されたチームメイトを全員ホームに帰すんだという優しさこそを求めるトヨザキが選ぶ小説がシーグリッド・ヌーネスの『友だち』(村松潔訳　新潮社)です。

語り手は、最愛の男友だちの〈あなた〉を自殺で亡くした〈わたし〉。〈あなた〉が飼っていたアポロという名のグレートデンを、やむなく引き取ることになり、狭いアパートでの1人と1匹の生活がスタートするんです。〈わたし〉を無視しつづけるアポロ。哀しみから立ち直ることができない〈わたし〉。喪失感を共有しながら、〈守りあい、境界を接し、挨拶をかわしあうふたつの孤独〉が、やがて魂を寄り添わせていくことになります。アポロへの呼びかけが〈彼〉から〈おまえ〉に変わる最終章へと向けて描かれていく、愛情を培う日々と永遠の別れがもたらすさまざまな感情が、抑えた筆致で描かれているからこそ、こちらの胸に深く染み入ってくるんです。

〈あなた〉と〈わたし〉が共に小説家であるがゆえに、作家になること、書くこと、読むこと、読まれることをめぐる思索が、大勢の表現者の言説を引用しながら展開されていく知的な筆致も大きな魅力。しかも、この小説、11章に驚きの展開を用意しているんです（解説から先に読んじゃダメ）。この驚愕の章の意味を考えるのも、静かな感動を生む犬小説であり、卓見の芸術家小説でもある、優しい、優しい優しい小説『友だち』を読む、もうひとつの喜びなのです。

■5番キャッチャー――『言語の七番目の機能』ローラン・ビネ

5番にして、ピッチャー『おおきな森』の重い球質のくせ球を受け止めるという重役を果たさなくてはならないキャッチャーを務められるのは、それ自身が超ド級の教養と技巧と強靭なインナーマッスルを備えた作品でなくてはなりません。２０１３年に訳出されたデビュー作『ＨＨｈＨ』が日本でも評判を呼んだ、ローラン・ビネ待望の翻訳第2作『言語の七番目の機能』（高橋啓訳　東京創元社）一択でございましょう。

物語の屋台骨をなすのは、１９８０年に起きたロラン・バルトの交通事故死と、ロシア生まれの言語学者ロマン・ヤコブソンが著書『一般言語学』で挙げている6つの言語の機能という論考。フランス現代思想界の大スターの死が実は謀殺によるもので、その理由はバルトが密かに入手していた七番目の機能について書かれたヤコブソンの未発表原稿を奪うためだった――ビネはこの長篇でそんなフィクションを展開しているんです。フーコー、デリダ、ドゥルーズ、ガタリ、エーコといった知の巨人たちが語る、記号学をはじめとする言語にまつわる理論の数々。そのインテリ然とした態度に不快感を隠さず、「わかんねーよ」と切り捨てるバイヤール警視が思想に疎いわたしたちの「？」を代弁してくれて、彼の助手にさせられる大学で記号学の講師を務めているシモン青年が親切な解説者として立ち回ってくれるという親切設計になっているので、教養の連打にも怯えなくて大丈夫。言論版ファイトクラブのごとき秘密組織が暗躍するわ、前述した実在の著名人を訴えられなかったのが不思議なくらい戯画化してみせるわ、カーチェイスがあるわ、アクション満載だわ。バイヤールとシモンの珍コンビが世界を飛び回ってバルト謀殺と7番目の機能の謎に挑む、笑いをふんだんにまぶしたサスペンス小説として愉しめる、知とエンタメの極意を併せ持った作品なんです。

■6番DH──『サピエンス前戯』木下古栗

守りは不安だけど、攻めさせたらすごい。そんな日本のDH小説家が木下古栗、と無理矢理にでも見立ててみたのは、どうしても『サピエンス前戯』（河出書房新社）をベストテンにねじこみたかったからなんであります。トヨザキはフルクリが好きで好きでたまらないのです。

一冊の中に長篇が3本も入っているんですが、「酷暑不刊行会」から読み進めることをオススメします。社長が暑がりで夏の期間は仕事を休止してしまう零細出版社に勤務しているため、短期アルバイトを探している梅沢が、フットサル仲間から紹介されたのは大手出版社を退社して今は専業主夫をしている森崎という男。面会した森崎は、かつて所属していた文芸の部署にいる編集者の無能さや、文芸誌が提示する文化の古臭さなどさんざん悪口を並べたあとに、ある提案をしてきます。それは海外文学に初めて興味を持った人のための入口作り。具体的にいえば、〈海外文学の名作と呼ばれるものたちをポルノ風にもじって、架空の作家の架空の作品として、架空のあらすじ付きで、時代別言語別とかでソートできる、目録的なサイトを作って運営〉すること。森崎は、1タイトルにつき千円で、作者名と作品名のポルノ風のもじりを梅沢に頼むのですが、309ページから展開するそのタイトルの数々が、もっ、本当に可笑しいんです。

コマス・マン『ペニスに膣』、ウィリアム・ソープナー『チブサモム、チブサモム!』、ソリンジャー『パイ揉みばかりでイカされて』、レイモンド・カウパー『挟むから静かにしてくれ』、ソルジュ・ペレック『陰茎使用法』などなど。こんなタイトルがズラズラーッと並んでいて壮観。体を売って稼ぐセルフ・セールスマンのグレゴール・テンガが、目覚めると全身が敏感な性感帯になっていることに気づくという、フランツ・ラフカ『全身』の奇天烈なあらすじまで披露していて、「酷暑不刊行会」における古栗のサービス精神は天井知らずなのですが、残りの2作は……。

もっとも難解な表題作に関して言えるのは、フルクリストの皆さんなら先刻承知の茂木健一郎への愛憎半ばする偏執が、ついに極まれりの一作になっているということです。茂木氏にこの偏愛は伝わっているのでしょうか。是非、どなたか氏に教えてあげてください。

■7番センター｜『バグダードのフランケンシュタイン』アフマド・サアダーウィー

〈ヘンテコな古栗がつなげる7番打者には、やはりそれに負けないくらいヘンテコな作品を置かねばなりますまい。となれば、アフマド・サアダーウィーの『バグダードのフランケンシュタイン』(柳谷あゆみ訳　集英社)しかありますまい。

舞台となっているのは2005年のバグダード。頻発する爆破テロによって亡くなった人たちの人体をつなぎ合わせた遺体に命と知性が宿り、死者たちの復讐を果たしていくという奇想から展開していく物語になっているんです。創造主であるところの古物屋のハーディーによって〈名無しさん〉と呼ばれる怪物は、隣に住む老婆の家に侵入。ところが彼女は、20年前のイラン・イラク戦争で亡くなった息子が帰ってきたと思い込んでしまい——。ここまでは物語のほんのとば口に過ぎません。〈名無しさん〉を救世主と崇めて協力していく信者たち、ハーディーから〈名無しさん〉の話を聞き、記事にしてしまう雑誌編集者のマフムード、連続殺人犯である〈名無しさん〉のことを占星術師たちの予言の力を借りて捕まえようとしているスルース准将など、大勢の人物の思惑や行動を重ねながら、この興味深い物語は進んでいくんです。

それにつれ、当然のことながら劣化していく〈名無しさん〉の肉体。どこかが腐って落ちてしまうたびに、新たな死体の部位で補強すれば、しなくてはならない復讐の数は増えていきます。この無限ループを〈名無しさん〉はどう思い、どう決着させるのか。〈完全な形で、純粋に罪なき者はいない。そして完全なる罪人もいない〉という言葉が胸に響く展開が読者を待ち受けています。

■8番サード──『アコーディオン弾きの息子』ベルナルド・アチャガ

ホークスのサードといえば松田宣浩こと熱男。その熱さに負けない長篇小説がベルナルド・アチャガの『アコーディオン弾きの息子』(金子奈美訳　新潮社)です。

スペインのバスク地方オババで生まれ育ち、馬を飼育する牧場を営んでいた伯父のファンを頼ってカリフォルニアに移住。1999年に50歳で亡くなった男性ダビが、母語であるバスク語で書き残した回想録。本作は、幼なじみにして作家のヨシェバがその回想録に基づいた新しい本『アコーディオン弾きの息子』を書いた──という設定の小説になっています。

プロのアコーディオン弾きにしてオババの権力者のひとりである父親が、スペイン内戦時にフランコ率いる反乱軍側につき、共和国政府軍側についた反ファシズムの村人を銃殺したひとりなのではないかと苦しみ悩んだ思春期。父親の過去を正確に知り、嫌悪を覚え、バスク解放運動に身を投じていく青年期。ダビの成長に伴って政治的な色合いを濃くしていく主旋律と、古きよき世界がいまだ残っているバスク地方の自然と社会の姿を託して描かれるオババの光景、友情や恋といった青春の輝きが、同じくらい大事なものとして描かれていく筆致が重層的かつ詩的で胸熱の逸品なのです。

■ 9番ライト――『かか』宇佐見りん

9番ライトは、今年デビューした新人の中で、わたしをもっとも驚かせてくれた宇佐見りんの『かか』(河出書房新社)に任せます。

主人公は19歳の浪人生うーちゃん。彼女は、離婚をきっかけに心を病んでいき、酒を飲んでは暴れるようになった母親(かか)に振り回される日々を送っています。救いは推しについて語り合えるSNSの存在。大衆演劇の西蝶之助という女形が好きで、気が合うフォロワー20人くらいと鍵をかけたアカウントで交流しているんです。そんなうーちゃんは、かかが子宮を全摘する手術をするにあたって、ある重大な決意と祈りをもって熊野に旅立つのですが――。

といった大筋や過去の出来事は、うーちゃんが弟に向かって〈おまい〉と語りかけるスタイルで綴られていくのですが、〈かか語〉と称されるその独特の語り口だけでなく、すべての文章表現が素晴らしいのひと言なんです。

〈風のくらく鳴きすさぶ山に夕日がずぶずぶ落ちてゆき、川面は炎の粉を散らしたように

焼けかがやいてました。夕子ちゃんを焼いた煙は、柔こい布をほどして空に溶けてゆくように思われます。〉

〈はっきょうは「発狂」と書きますがあれは突然はじまるんではありません。壊れた船底に海水が広がり始めてごくゆっくりと沈んでいくように、壊れた心の底から昼寝から目覚めたときの薄ぐらい夕暮れ時に感じるたぐいの不安と恐怖とが忍び込んでくる、そいがはっきょうです。〉

9番打者は何とか1番に打線をつなごうと必死に球に食らいつきます。デビュー作で突出した言語センスを見せつける宇佐見りんの登場は、日本の小説の未来に光をつなぐ慶事だと、わたしは思っています。今は9番でも、宇佐見りんが10年後に文芸界のクリーンナップを担う存在になっている未来が、わたしには見えます。ついでに、木下古栗の新作の帯に茂木健一郎の推薦文が載る未来も、うっすら見えたりします。

II 2021

2021.1.26

第164回芥川賞候補作の紹介と選考委員の講評をメッタ斬り!

2021年1月20日、第164回芥川龍之介賞（日本文学振興会主催）の選考会が東京・築地の料亭「新喜楽」で開かれた。芥川賞は宇佐見りんの『推し、燃ゆ』に、直木賞は西條奈加の『心淋《うらさび》し川』（集英社）に決まった。

1月20日、第164回芥川賞の受賞作が宇佐見りんの『推し、燃ゆ』（「文藝」2020年秋季号／河出文庫）に決定したわけですが、しかし、つくづく宇佐見さんはすごいですねー。文藝賞を取ったデビュー作『かか』（河出書房新社）が第33回三島賞に輝き、2作目で芥川賞を受賞しちゃうんですから。

ラジオ日本で大森望とやってる『文学賞メッタ斬り!』（司会・植竹公和）での、わたしの予想は『推し、燃ゆ』と乗代雄介『旅する練習』W受賞だったんですが、乗代作品は惜しくも落選。どうしてだったのかなあという分析はとりあえずあとに回して、まずは候補作のあらすじ紹介からさせてください。

■宇佐見りん（1999年生まれ）『推し、燃ゆ』（初）

語り手は、アイドルグループ「まざま座」のメンバー上野真幸の活動を追うことに心血を注いでいる高校生のあかり。

あらすじは48〜54ページに詳述しているので参照して下さい。

精神（気持ち）はアイドルを推す自分として成立しているし受け止めることができるのに、何をやってもうまくいかない肉体のほうを疎ましくしか思えない主人公の姿が痛々しいんですが、四つん這いになって散らかした綿棒を拾う無様な自分を受け入れるラストは、先は長いかもしれないけれど再生の道を示していて、読後感は悪くありません。とにかく文章表現力が抜群に素晴らしいんです。

■尾崎世界観（1984年生まれ）『母影』（初）

語り手は、マッサージ店で働く母親とふたりで生きている小学校低学年の〈私〉。でも、そのマッサージ店は客からの「ある？」という符牒で、手でイカせてやるファッションマッサージ店だということは町の住民には周知されており、〈私〉はそれゆえにクラスで仲間外れにされています。

母親の仕事中も隣のベッドで宿題などをしている〈私〉はカーテンを通して常に母親の影を見守っています。まだ幼いから具体的に何をしているかはわからないし、お客の「イッていい？」をしゃべるほうの「言っていい？」だと勘違いもするけれど、カーテンの向こうにいる母親と客が〈恥ずかしいことをしてる〉ことはわかっている〈私〉なんです。

母親に子供の問題点を挙げ、こんな仕事をしているからなんじゃないかと説教しながらも、手こきのサービスをおそらくは無料で受けているゲスい担任教師。給食の杏仁豆腐の上にハムスターのフンを乗せる意地悪なクラスメイト。やはり母子家庭に育ちながらも、「おい。お前、死ねです」という独特の口調で〈私〉の肩をグーで殴ってくる男子児童。

この小説は幼い〈私〉の五感を通して、真っ暗ではない〈茶色い夜〉のようなわびしい、さびしい、でも不思議と悲愴感はない日常を丁寧に描いています。

母親とお出かけし、初めて自動改札機を経験して切符に開いた穴から外の世界をのぞく場面や、カーテン1枚で常に母親と遮断されているような気持ちを描く場面、「お前、死ねです」男児の家に上がり込んで自分の家と同じくらいの貧乏を冷蔵庫の中に発見する場面、その家で邪険に扱われている、おそらくは認知症のおじいちゃんを「これ、いらないいなら私にちょうだい。ちゃんと大事にするから」と欲しがる場面など、印象に残るシーンが多々あるものの、語り手のキャラクターが今村夏子の傑作『こちらあみ子』（ちくま文庫）の主人公と重なってしまって、どうしても比べてしまう自分がおりました。

■木崎みつ子（1990年生まれ）『コンジュジ』（初）

「コンジュジ」とはポルトガル語で「配偶者」の意。

主人公は11歳のときに深夜の音楽番組で知った「ザ・カップス」という1970年代に人気を誇ったバンドの伝説のリードボーカリスト、リアン（1951年生まれ）に20年間恋をしつづけている31歳のせれな。しかし、リアンはせれなが知るずっと前に32歳の若さで死んでいます。

せれなの母親である妻に逃げられ、そのあとに同居した無口だけどしっかりしていて女子プロレスラーみたいに強いブラジル人女性ベラさんにも出ていかれてしまったあげく、まだ小学生のせれなを陵辱し、せれなが17歳のときに、それを知ったベラさんによって殺されるまでずっと性的虐待を行ってきた父親。せれなにとって、リアンとの脳内生活はその忌まわしい時間からの逃避でした。

というわけで、この小説は「父親による性的虐待とそこからの再生を描いた現実」と「脳内におけるリアンとの妄想生活」と「せれなが本を読むなどして知ったリアンとバンドの評伝」の３つのパートを行き来して展開していくことになります。

リアンとの妄想生活が、せれなの現実にどんな影響を与えていたのかを後半で明らかにする展開が巧みですし、時々顔をのぞかせるユーモアに文章表現のセンスのよさも感じます。娘のことを「せれなちゃん」と呼んで依存してくる父親の造型の気味悪さ。その父親にようやく「死んで償えよ！」と抵抗する中盤以降の烈しい暴力を伴う場面が、リアンとのお花畑のような脳内妄想の世界から一転地獄絵と化し、その落差の描き方も秀逸です。

宇佐見作品の中に〈推しは命にかかわる〉という名言が出てきますが、まさにリアンはせれなにとって命綱というべき存在だったにもかかわらず、後年、成長したせりながリアンという人間の欠点とも向かい合い、リアンの兄でけっして妻と家族を裏切らなかったジムのほうに心を寄せ、疑似父親の妄想を抱いていくようになるという変化も、納得のいく展開。父親からの性的虐待と、そのフラッシュバック、心的後遺症による摂食障害の描写や、リアンであったはずの幻がやがて父親を思わせる黒い物体と化し、せりなの体の上で人間のシルエットになっていくシーンは、症例を調べて書いたようなクリシェを超えて独創的とも思います。

ラスト、リアンの墓を掘り起こして自分も棺の中に入り蓋を閉める場面から〈どうせ明日もまた五時半に起きて、バスに乗って仕事に行くのだから〉という一文につなげるくだりは再生とも読めるし、再生の先にあるリアンもジムも存在しない厳しい現実の人生を予感させて不穏でもあり、物語の締め方としては上々というべきでありましょう。

■砂川文次（1990年生まれ）「小隊」（2回目）

舞台はロシア軍が攻めてきている北海道。自衛隊の初級幹部であり小隊長でもある主人公の安達とその部下の立松が、釧路は別保でいまだ残留している住民に対して避難勧告を行っている、のどかな場面から物語は滑り出します。安達の小隊の任務は別保一帯の陣地を防御し、敵であるロシア軍の侵攻を阻止し、味方の第5旅団の戦いを援護するというものですが、安達らが釧路駐屯地から派遣されて1カ月、敵は音なしのまま停滞した時間が過ぎていくばかりです。

が、戦闘はいきなり始まります。陣地内の地形が変わるほどの烈しい攻撃。部下である隊員たちはどんどん死んでいきます。おまけに航空攻撃の接近まで知らされ、戦車の砲撃も受けることに。安達は指揮を受ける中隊CPまで撤退しようとするのですが、逃げている途中で遭った軍曹から「もうCPはない」と告げられ絶望。途中で恐怖から動けなくなっている部下の木村を拾って、帯広まで逃げるための車を求め、冒頭に出てきた残留住民のアパートまで行くと、そこにいたのが小熊でした。小熊はもうすぐ定年を迎える小隊の最古参で、安達は階級は下ながらも頼りにしていたのですが、怖くて逃げたと明かすみじめな姿に呆然。一緒に連れて行ってほしいと懇願する小熊を置いてパジェロで走り去ります。物語は、川で全裸になって身体を洗った安達の「おれは生き残った。生き残ったのだ」という心の声で幕を閉じます。

〈戦うとか戦わないとかいう選択肢はそもそも安達ごときの立場にあっては、選択の俎上に上ることはなく、せいぜいがちゃんとやるか、ふてくされながらやるか、くらいの違いでしかない〉と主人公がうそぶくように、誰も本当の戦闘なんてやったことがない自衛隊の若者たちが直面する戦争を、さすがは元自衛官というべきリアルな描写で描いていて、戦闘が始まって以降は巻を措く能わずのおもしろさ。安達たちがとんでもない状況に置かれているにもかかわらず、そこからちょっと離れた街ではAMラジオが放送されていて、日常が営まれているという不条理も生々しいといえましょう。

気になるのは三人称と一人称の混在。気にしている人はあまりいないかもしれませんけど、最近、特にエンタテインメント作品でその傾向が強いと、わたしは感じているんです。三人称小説なのに、〈立松が、不安そうにこちらを見ている〉という一人称視点がしょっちゅう入ってくる。かと思えば、〈不安だ。安達は、思った〉みたいな正しく三人称の語りも混じる。自由間接話法に似てるし、そこに話者が事実をそのまま語る場合に使われる直接法が入ってくる「体験話法」と言われるものなのかもしれませんが、作者がいったいどの程度その語りを意識して使っているのか。これは、わたしのような「視点警察」じゃない人にとっては読みやすさを伴う語り口なので、それゆえに使ってしまいたくなるのでありましょう。ただ、使うなら狙って自覚的にねと、老婆心ながら。

■乗代雄介(1986年生まれ)『旅する練習』(2回目)

小説家の〈私〉と、サッカーとオムライスが大好きな姪の亜美《あび》。ふたりは、亜美の中学受験が無事終わった春休み、コロナの緊急事態宣言が発令される前に我孫子から鹿島までの徒歩旅行に出発します。目的は、亜美が去年の夏サッカー合宿に訪れた鹿島の施設から、持って帰ってきてしまった本を返すこと。〈私〉にとっては途中で見た光景をスケッチのように書き留めていく描写の練習、亜美にとってはリフティングをしたり、ドリブルしながら走ったり歩いたりするサッカーの練習を兼ねた〈歩く、書く、蹴る〉ための旅です。

2020年3月9日から始まった旅の2日目、ふたりはやはり鹿島までの徒歩旅行中だという大学4年生のみどりさんと出会い、亜美がこの女性にすっかりなついてしまったことから以降行動を共にすることになります。

徒歩旅行のあれこれが〈私〉の視点で描かれるなか、〈私〉が書いたスケッチ文＋亜美のリフティングの回数や、訪れた土地に関係する文人の紹介と引用と考察を挿入。この小説全体が、旅から帰ってきた〈私〉が書いたものであることが作中で律儀に明文化されています。

品のいい端正な文章で綴られる、「山の手小説」とでも呼びたくなるような育ちのいい物語。サッカー小説でもあり、鳥類図鑑小説でもあるといった盛りだくさんな内容の作品になっています。前に候補になった「最高の任務」は叔母と姪、今回は叔父と姪。なんでも知っている聡明な年長者に導かれる若者という構図は変わっていませんが、この2作、姉妹小説というよりは鏡像反転小説になっていると、わたしは思います。

テーマは「忍耐と記憶」。ジーコゆえに鹿島アントラーズのファンになったというみどりさんが作中紹介する〈「ジーコはつらかった肉体改造を振り返ってこう言います」(略)「もし「もう一度同じことができるか」と問われたら、迷わず「できる」と答える」(略)「そのために大事なのは、忍耐と記憶だと」〉というエピソード。佐原の町で想起した小島信夫の小説「鬼」に出てくる「忍耐」という言葉に思考を立ち止まらせて、〈本当に永らく自分を救い続けるのは、このような、迂闊な感動を内から律するような忍耐だと私は知りつつある。(略)この旅の記憶に浮ついて手を止めようとする心の震えを静め、忍耐し、書かなければならない〉と記される決意。

しかし、なぜ〈私〉は繰り返し、この旅を記す行為にできるだけ喜怒哀楽を入れない〈忍耐〉を強いるのか、そもそもなぜ姪との旅の記憶を文章化したのか。その答えは最後に用意されています。もしかしたら、この「最後」に選考委員から批判が来るかもしれないと、読後懸念を覚えたのは確かです。わたしも最初は、せっかくの抑制がここで破綻してしまうと思ったのですが、それはまったくの逆で、この忍耐の劇的なほつれを描くための、そこまでの忍耐の記録だったのだと2回読み返した今は思います。

とにかく亜美という少女の魅力が破格。読み進めば読み進むだけ好きが募っていくキャラクターで、3人でテレビアニメ『おジャ魔女どれみ』の話で盛り上がるシーンで、魔法のセリフや身振りを真似ながら〈「パパ、ママ、せんせには怒られちゃうけどさ、そんなの実はどーだっていーじゃんってことなんだよね。サッカーできてたらさ。だから、テストで3点、笑顔は満点、ドキドキワクワクは年中無休なの」〉と元気いっぱいに宣言するシーンは、小説を最後まで読んで、またここを読み返すと胸と喉が詰まって涙腺決壊しそうになります。

この場面をはじめ、最後まで読んだあと、「ああ、そういうことだったのか」とわかる言葉やシーンがちりばめられているので、再読必至の傑作。そう、「傑作」とトヨザキは断定いたします。なのに、なぜ落とした、芥川賞の選考委員は――というわけで、委員代表で講評に立った島田雅彦の発言を文字に起こしてみたので紹介します。


「こちらは受賞作に次いで高い評価が得られたわけで、最後の決選投票まで残りました。ただ、この、作家と少女とおぼしき登場人物、でこぼこコンビのロードノベルと、しかもコロナ禍ということが強烈に意識されており、そのなかで誰もがすなる散歩の価値が鹿島っていう独特の土地と、それに連動した過去の文学作品などの引用を絡めた、ま、少女にとってはサッカーの練習、語り手にとっては小説の描写の練習、さらにもうちょっと深読みすれば、コロナ以降の新たな日常生活に慣れる練習といったようなことが重ね合わさっていって、で、しかもその語りに力が抜けていて、非常にすんなり読める、と。

一種この破綻のなさ、カタルシスのなさといったものが新しい日常を生きていく上ではリアルなのかもしれないというような認識を与えてくれました。ただ、あのー、ネガティブな評価というのももちろんあって、「この人はあらゆる文章を雑多なものを全部取り込まなければ気がすまないタイプの人、捨てられない男なのではないか」というようなユニークな意見も出ました。惜しいところまではいったんですが、受賞には至りませんでした」

「捨てられない男」！　思わず笑ってしまいました。これを言ったのはおそらく、毎回キャッチーなパンチラインを繰り出してくれる山田詠美でありましょう。確かに、そうです。あらすじ紹介でも述べたように、叔父と姪のロードノベル、描写、サッカー、文人、鳥、ジーコ、鹿島アントラーズ、おジャ魔女どれみと、けっして長くない物語の中に盛りだくさんの要素が取り込まれています。

でもねっ、この小説の語り手の身にもなれと、わたしは言いたい。亜美との旅で起きたこと、亜美が言ったこととしたこと、自分が見たこと思ったこと、そういう〈記憶〉の全部を〈忍耐〉という抑制を保ちながらすべて書き切ったのは、なぜなのか。その意図は最後まで読んだ人ならわかるはずでしょうよ。旅のすべてを書かなきゃいけなかったんですよ、語り手的には。なんで、そんな簡単なことが選考委員を務める同業者の作家がわかんないのかなあ。そこを汲み取らなければ、この作品を読んだことにならないでしょうに。

トヨザキ不満、大いに不満。そんな理由で落とされるなんて、どうにも納得いきません。わたしが個人的に選評を楽しみにしているのは堀江敏幸です。というのも、『旅する練習』はいくつかの堀江作品と系譜を同じくする構造と語り口になっているから。堀江さんなら乗代作品の美点を理解して分析してくれるはずです（キッパリ）。

ほかの候補作の講評は以下のとおり。


「尾崎世界観さんの『母影』は子供視点での語りの是非をめぐる議論がございましたけれども、まあ若干、少女に設定した語りのあざとさですとかね、あるいは少女を描く際のひとつのおじさん臭といいますか、そういうことを気にされる委員の方がおられたということですね。これはわたし個人の意見ですけども、子供視点を採用した場合っていうのは、どうしたって今現在の語り手の位置との重ね合わせ、要するに子供でもあり大人でもあるという重ね合わせになるわけですけども、そのズレをどう見せるかが語りの重要なポイントとなってくるかと思うんですけども、そのへんがうまく処理し切れていなかったのではないかと感じました」

「木崎みつ子さんの『コンジュジ』についてですけども、ストーリーテリングの才能につきましては、皆さん、高く評価はしていたんですけども、んー、ま、やはりどこかで症例報告を超える文学的な冒険に欠けるのではないかというのが総体的評価でした」

「砂川文次さんの『小隊』ですけども、こちらは非常にリアリティの伴った作者自身の訓練の体験等が裏打ちされて、その戦闘のディテールについては高い評価が与えられたんですけど、この戦闘の背景にある戦争ですね、北海道でロシアと戦闘に入っていると、その背景的なことが見えにくいということが、問題として挙げられました。ただ、この不可避な戦闘、しかも理不尽な状態での戦闘が繰り広げられるという、この状況というのが現在の目に見えない敵との戦いを強いられているこの日常のメタファーになっているっていう評価もありました」

「受賞作の『推し、燃ゆ』についてですけども、推しのアイドルをずっと追っかけて、ま、そのヒロインも自身、家庭とか職場とかバイト先とかでもろもろの問題を抱えているのだけれども、推しを徹底的に追っかけるということで、ま、その、憂さを晴らそうという、よくいる世の中には若い人だけじゃなくて、おばさまも含めてそういう、あのー、追っかけっていうかアイドル萌えの方々は多いかと思いますけれども、そういう人の意識に肉迫した作品かと思います。

素材的には今の若い人たちがアイドルを追っかけることによってなんとかかろうじて日常の不愉快から抜け出ようっていう、そういう傾向っていうのは若い人たちとの付き合いがある人にとっては、とてもありきたりな設定であるという意見がありました。ただ、その一方でそうしたヒロインの知識を描く際の言葉というものがですね、非常に鮮やかで、あのー、一見思いつきで繰り出されているように見える言葉なんだけれども、かなり吟味された中で繰り出されているのではないか、と。ま、いわば、意識の発生の現場報告といいますか、無意識の中から発語したときに生まれる独特のぞわぞわっとした感じ、こういうものが巧みに捉えられている、というふうに非常に高い評価が与えられました。

　まあ、こうしたものを全部含めて非常に文学的偏差値が高いというような評価、あの、これはポジティブな意味とネガティブな意味と両方ありますけどね、そういう若い才能を評価しようと、あと押ししようという雰囲気が支配的だったと、その結果、宇佐見さんの受賞となりました」


講評だから雑なのは仕方ないし、各選考委員（小川洋子、奥泉光、川上弘美、島田雅彦、平野啓一郎、堀江敏幸、松浦寿輝、山田詠美、吉田修一）の選評を読んで、誰がどの作品を推し、具体的にどんな評価をしたのかは「文藝春秋」3月号を待たなきゃいけませんし、宇佐見作品への授賞にはなんの文句もありませんが、しかし、そうはいっても尾崎作品の語りに「ひとつのおじさん臭」はないだろう。そもそも尾崎世界観自身に「おじさん」なんて言葉はそぐわないし、わたしは彼が創り出した小学校低学年女児語りに、「おじさん臭」なんてぜっんぜん感じませんでしたね。難しい語りをよくこなしていると、そこは逆に褒めるところでしょうよ。

『コンジュジ』に関しても、「症例報告を超える文学的な冒険に欠ける」という評価には首をひねります。なにさ、「文学的な冒険」って。その定義を、まず明らかにしなさいよ。「冒険」かどうかはわからないけど、木崎作品において「症例」を描く際の構成や語りにはじゅうぶん創意工夫はなされていたと思いますよ。

宇佐見作品に言及しての「文学的偏差値」ってのも、なにさ。意味不明。小説の評価を数値化できるんですか。やれるもんならやったんさいよ。

あー、疲れた。こんなに長くなっちゃったー。読んでくださった皆さんも、お疲れさまでした。

おしまい。

2021.2.6

能力を超えた職務を与えられた愚者・森喜朗さんを憐れむ

「女性がたくさん入っている理事会が時間がかかります」（東京オリンピック・パラリンピック組織委員会森喜朗会長　2021年2月3日「JOC臨時評議会」にて）。これまでにも数々の失言を繰り返してきた森会長（当時）。このときは、女性理事を増やすJOCの方針に対する私見を述べたが……。

「歩く問題発言」「トップ・オブ・ザ老害」と悪い評判しかついて回らない森会長ではありますが、発言のここだけを切り取って揶揄するばかりでは不公平という気もします。ちょうど「毎日新聞」が全発言を起こしてアップしてくれてますので、ちょっと長くなりますが紹介させてください。

（会議がオンラインで報道陣に公開されており）テレビがあるからやりにくいが、女性理事4割は、これは文科省がうるさくいうんでね（※スポーツ庁が示した競技団体が守るべき指針のガバナンスコードでは、女性理事40％以上が目標）。女性がたくさん入っている理事会が時間がかかります。（日本）ラグビー協会は（会議が）今までの倍、時間がかかる。女性が10人くらいいるのか、今は5人か。女性は優れており、競争意識が強い。誰か一人が手を挙げて言われると、自分も言わないといけないと思うんでしょうね。それでみんな発言される。

あまり言うと新聞に漏れると大変だな。また悪口を言ったと言われる。女性を増やしていく場合は、「発言の時間をある程度、規制を促しておかないと、なかなか終わらないので困る」と言っておられた。誰が言ったかは言わないけど。私どもの組織委にも女性は何人いる？　7人くらいかな。みんなわきまえておられる。みんな競技団体からのご出身、また国際的に大きな場所を踏んでおられる方々ばかりです。お話もきちっと的を射ており、欠員があればすぐ女性を選ぼうとなる。（「毎日新聞デジタル」2021年2月5日14時17分最終更新）

「文科省がうるさくいう（から女性の比率を4割以上にしている）んで」と下げて、「女性は優れており」と上げて、「競争意識が強い」という生物学的にもジェンダー的にも意味不明な根拠から「それで（女性は）みんな発言される」と推測し、「誰が言ったかは言わないけど」と言い訳をした上で、女性を増やしていく場合は「発言の時間をある程度、規制を促しておかないと」とパワハラとも受けとられかねない意見を持ち出し、「私どもの組織委（の女性は）みんなわきまえておられる」と上げる。

上げたり下げたりレールから外れたりと、浅草花やしきのジェットコースターくらいリアルに危険度の高い発言をしたのち、「毎日新聞」による取材で「軽率だった。おわびしたい」と頭を下げながらも「一般論として、女性の数だけを増やすのは考えものだということが言いたかった」とさらなる燃料投下を行い、妻や娘や孫娘にも怒られちゃったーと無邪気に明かす83歳の悪気はないんですおじいさん。翌日14時から会見を行うというので、てっきり辞任を発表するのかと思いきや、言い訳にならないごたくを重ねただけで、ごく短時間で会見を打ち切った83歳の心臓に毛が生えているおじいさん。

もはや怒りというよりは、身の丈を超えた職務を与えられたせいで歴史に残る愚者として記憶に留められることになりそうな、この老人を哀れむ気持ちのほうが大きいトヨザキなのでした。

2日間のあれこれを全部追っかければ、おじいさんの本音は「女は俺の意見に素直に従わなくて腹立たしい」「いちいち疑問や反論を挙げてきて会議長くなるから疲れる」なのだろうということが丸わかり。さらに憶測すれば、「東京オリンピックは延期すべきだ」とまっとうで冷静な意見を理知的に述べる日本オリンピック委員会理事の山口香さんを「めんどくせえ女だな。空気読めよ。忖度しろよ。やるって言ってんだから、そこで意志統一しろよ、てめえは」くらいのことは思っていそうな森会長にお勧めしたい小説が、宮内悠介の『あとは野となれ大和撫子』(角川文庫)なんです。

旧ソ連時代の大規模な灌漑事業などの影響で干上がりつつあり、塩害や環境汚染などをもたらして「20世紀最大の環境破壊」とも呼ばれる、中央アジアの塩湖アラル海にできたという設定の塩の砂漠。１９９０年、ここを新天地と定めた〈最初の七人〉のテラフォーミング（地球化）によってできた架空の小国アラルスタンが、この物語の舞台になっています。

事の発端は、内戦を経てウズベキスタンから独立を果たしたことを記念する式典で、〈最初の七人〉のうちのひとり、パルヴェーズ・アリー大統領が暗殺される事件。ところが、この国家の一大事に際して、政治の中枢を担っていた副大統領以下議員たちは、尻尾を巻いて逃げ出してしまうのです。そこで立ち上がったのが、28歳のアイシャ、22歳のジャミラ、20歳のナツキという、後宮に住まう女子3人。

後宮といっても、アリーが2代目の大統領になってからのそれは側室たちを囲うハーレムにはあらず。チェチェンから逃れてきたアイシャや、紛争によって両親を失った日本人のナツキをはじめ、さまざまな理由から居場所を失った少女たちのための高等教育の場になっているんです。聡明さによってアリー大統領にかわいがられ、後宮の若い衆のリーダーでもあるアイシャは、親友のジャミラやナツキらの力を借り、この国を、ひいては自分たちの居場所を守るため臨時政府を発足するのですが――。

この機に乗じて、議会の占拠を狙うであろう伝統的イスラム国家を志向する反政府組織ＡＩＭ。アラルスタンの油田の利権の独占を狙って侵攻してくるかもしれないウズベキスタン。自分たちとは違って本来の側室としての務めを逃れたばかりか、教育の機会を得たアイシャたちを目の敵にしている元側室のお局たちと、その長にして枢密院の議長であるウズマ。大勢の敵に囲まれながら、知恵を絞り、仲間を信頼することで難局を乗り切っていこうとする若い女性たちの奮闘と友情を描いた痛快なエンタテインメントになっています。

でも、いったい誰が理想的な指導者だったアリー大統領を暗殺したのかという謎解きに、個人と国家と地球の幸福をすべて成立させる困難という大きなテーマを内包させているこの物語は、楽しいばかりで終始してはいません。たとえば、技術者志望のナツキは、旧ソ連による「20世紀最大の環境破壊」が一方で綿花畑が作れる地を生み出した事実や、アラルスタンに慈雨をもたらすことが別の地に害を及ぼす可能性について思いを巡らせ、自らの砂漠緑化案について熟考を重ねていきます。作者は登場人物らの視点を借りて、複雑な要因が絡み合う環境破壊だけでなく、多民族の共生や宗教対立についても、読んでおもしろい物語の中で問題提起しているんです。


〈アイシャは遠くを見たまま、独語するようにつづけた。

「わたしは国体と信仰、そして人権の三権分立を確立したい」

反射的に、ナツキは目を上げた。

「どういうこと?」

「簡単に言うと、国体の暴走を人権が制限する。そして、人権の暴走を信仰が制限する。さらに信仰の暴走を国体が制限する。その三竦みを制度化するってこと」〉

（物語終盤、さまざまな困難を乗り越えた末に、議会で長老ウズマや戻ってきた議員たちから臨時大統領のアイシャが弾劾される場面で）

〈「ウズマ殿の言に従うなら、わたしは単に自殺行為をしたということになる。権力を求めたというには、わたしの行動は道理に合わない。それでも、わたしは――」

そこまで口にしたときだ。不意に、皆の顔が浮かんできた。

もう会えないだろう顔もある。震えそうになる手を押さえて、アイシャは先をつづけた。

「わたしたちには、これしか道がなかった。わたしたちは、繋げられさえすればよかった。この国で、いずれ平定されたこの国で、新たな名君が生まれるまでの繋ぎに」

（略）

「〝勇気の前には、運命さえ頭を下げる〟――わたしたちは、運命を曲げるほうに賭けた」〉

出自もさまざまなら、後宮にやってきた理由もそれぞれに異なる小娘たちが、背筋をまっすぐに未来を見つめ、最善を尽くして「あとは野となれ」と呟く。83歳のおじいさん、この小説の中に出てくる女性もまた空気は読まないし、偉い人に忖度したりしません。納得がいくまで話し合い、時に烈しく言い争います。でも、それはあなたが言う「競争意識が強い」からではありません。アイシャたちは歴史が浅い祖国の危急存亡の秋《とき》を乗り切り、未来の同胞たちに手渡すために話し合い、無謀とも思える行動に出るんです。

はてさて、83歳のおじいさん、あなたとアイシャたちのどちらがリーダーとしてふさわしいでしょうか。是非、ご一読いただいた上で感想をお聞かせください。

2021.3.6

「女ゆえに味わわされた屈辱や怒りや恐怖」に連帯する小説

「あの日、私はわきまえた女だった」（藤野可織「朝日新聞デジタル」2021年2月24日）。東京オリンピック・パラリンピック組織委員会の森喜朗会長（後に辞任）の発言「組織委員会に女性は7人くらいか。7人くらいおりますが、皆さん、わきまえておられて」が批判を浴びた。女性が「わきまえる」ことを是とする感覚への不信、怒りを作家、藤野可織がエッセイで表明してくれました。

「朝日新聞デジタル」は有料サイトなので全文読めない人がいるかと思うんですが、ここに掲載された小説家・藤野可織さんのエッセイが素晴らしいんです。

ある日、乗り込んだタクシーの運転手から言われたひと言。

〈しかし最近何かというたらすぐセクハラ、セクハラですなあ。〉

前職で一緒だった女の子たちからもそう言われるけど、そんなこと気にしていたら何も言えなくなるから、自分はこれまでどおり「言いたいことは全部言うてまっせ」と朗らかに語りかける運転手に、藤野さんは頭の中でたくさんの反論を思い浮かべたものの、結局何も言い返せなかったというのです。密室である車内で体格のいい男性とふたりきり。その状況から引き出されるネガティブな想像が自分を「わきまえた女」にしたと、藤野さんは回想します。

それはとてもささいな出来事かもしれないけれど、〈私はずっと怒っている。何も言えなかった自分に対して憤怒している。〉〈恐怖も忘れていない。（略）私は恐怖でかんたんに黙ってしまう人間だという事実が私を蝕《むしば》んでいる。〉と。

そして、エッセイをこのような至言で結んでいるんです。

〈わきまえるとはそういうことだ。恐怖による沈黙と、長く続く自傷めいた怒り。誰かに対しわきまえよと求めそのとおりになったとき、それはただただ恐怖の作用なのだ。〉

藤野さんのこの文章を読んで「わからない」という女性はひとりもおりますまい。同じような体験をしたことがないという女性はひとりもおりますまい。

というわけで、今回紹介したい小説はジュリア・フィリップスの『消失の惑星《ほし》』（井上里訳　早川書房）になります。ここに登場する大勢の女性もまた、藤野さんのエッセイと同じように、わたしの過去における「女だから味わわされた屈辱や怒りや恐怖」を思い出させてくれるからです。

物語は、8月、カムチャツカ半島の海岸で遊んでいた11歳のアリョーナと8歳のソフィアが、黒いサーフに乗った男に騙されて連れ去られてしまうというシークエンスから始まります。でも、この大きな出来事は以降、物語の後景に退くんです。「犯人は誰なのか」「動機はなんなのか」といった謎にぐいぐい迫っていくミステリーのようには、物語は展開していきません。

父親のいない家で、母親が子供をほったらかしにしているからあんな事件が起きるのだと考え、白人ではない先住民やよそ者に冷ややかな気持ちしか抱けないワレンチナ。そんな彼女から娘との付き合いを禁じられてしまう、母子家庭に育つ13歳のオーリャの気持ちに寄り添った「九月」。見た目はいいけれど、キャンプにテントを持ってくるのを忘れるような杜撰な性格のマックス。火山研究所で働いている同僚のオクサナからは「あんなダメ男と」と呆れられるけど、自分の年齢を考えると交際がやめられない30代のカーチャの葛藤を描く「十月」。

「九月」に登場し、徐々に大きくなる胸の水疱を深刻な病状と宣告されるワレンチナが、警察署の事務員として姉妹誘拐事件の犯人像にも差別的な意見を持っていることがわかる「十一月」。

7歳年上の白人の恋人ルースランによる過剰で過保護な干渉によって、自分の優秀さを見失いがちな先住民の大学生クシューシャ。同じ大学に入学した17歳の従妹に誘われて舞踏団に入り、そこで出身地のちがう先住民の男性チャンダーと友達に。やがて、粗野なルースランとは正反対の思慮深く知的なチャンダーに想いを告白され、ふたつの愛の間で切り裂かれることになるまでを描く「十二月」。

大晦日の夜、年越しのパーティに参加しているラダ。そこへ、名門大学に進学し、今はサンクトペテルブルクで外資系の仕事に就いているという、何年も音信不通だったかつての親友マーシャが帰郷のついでに顔を出す。白人に差別され、旧弊な価値観のまま変わろうとしない先住民の町から抜け出したマーシャと、そこに留まりつづけたラダ。同性愛であることを隠そうともしないマーシャの身を案じることしかできないラダの内面に分け入る「十二月三十一日」。

夫が仕事で留守がちな家で、海洋研究所で働きながらふたりの子供を育てているナターシャ。そこへ年末年始を共に過ごすため、北の町エッソから、先住民のための文化センターを運営している母親のアーラと、常軌を逸した情熱をUFOに傾けている弟のデニスが来て滞在している。ナターシャはどんな話題にもUFOを絡める弟が我慢ならず、母親との関係も良好とはいえない。その関係には、3年前に書き置きもなく家を出ていってしまったナターシャの妹リリヤの影が落ちていることがわかる「一月」。

17歳の時に出会い、運命の恋に落ちて結婚した相手と事故で死別し、その7年後に再婚した優しくて頼りがいのある夫をまたも事故で失った55歳のレヴミーラ。愛の喪失と、それでも生きていかなくてはならない無常を短い物語の中に描き切って見事な「二月」。

甲斐性なしのチェガ（「十二月」の主人公クシューシャの兄）との同居を解消して、幼い娘と実家に戻ったナージャ。どんな人間にもなれる未来が待っている娘への思いの中に、もう自分の人生のやり直しがきかないという諦観を織り込んだ「三月」。

警察官の夫を持ち、生まれたばかりの赤ん坊の世話をするためにキャリアを中断せざるを得なくなっているゾーヤが、どこかよその場所からやってきた移民の作業員への憧れと性的妄想を育てるさまを描く「四月」。

「十月」に出てきたダメ男・マックスの不注意によっていなくなってしまった愛犬を必死で探す、姉妹誘拐事件の唯一の目撃者オクサナ。愛犬とはちがって、マックスや元夫をはじめとする自分がこれまで関わってきた男たちがいかにあてにならず身勝手だったかという憤りと、愛犬が行方不明になって初めて姉妹の母親の気持ちが理解できたというエゴが痛ましい「五月」。

いなくなってしまったふたりの娘の行方を諦めることなく追い求める母親マリーナ。友人夫妻に誘われて参加した文化的少数民族の伝統的祭典で出会ったアーラ（「一月」に登場）から「あなたの娘は白人だから捜索されるけれど、わたしの娘リリヤは先住民だから警察は相手にもしてくれない。コネがあるなら紹介してほしい」と頼まれ困惑する。祭典の場でも誘拐された姉妹の母親として記者から取材を受けるなどして憔悴するマリーナの前に現れたのがチェガ（「三月」に登場）。彼がもたらした「エッソにはトヨタの黒いサーフに乗る変わり者がいる」という情報によって、行き詰まっていた誘拐事件の捜査が大きく動き出す「六月」。

事件が起きた8月から翌年の6月までの約1年をかけて作者が描いていくのは、なんらかのかたちで誘拐事件に関係していたり、関係はなくても心の片隅に事件が引き起こした感情が巣くっていることに意識的である女性たちのプロフィールです。

「わきまえた女性」という言葉にも違和感が表明でき、「#Ｍｅ Ｔｏｏ」運動も盛んな現代ニッポンとは違って男尊女卑の考えが根深いばかりか、白人と先住民と移民のパワーバランスが歪なカムチャツカ半島に生きる、年齢も出自もさまざまな女性の「屈辱と怒りと恐怖」「かなえられなかった、もしくは奪われてしまった夢や希望」が静かな筆致で浮かび上がってくる物語。近くて遠い半島を舞台にしながらも、彼女たちの姿はわたしたちのそれと重なります。

でも、描かれているのはそうした女性が抱える問題だけではありません。ソ連時代を懐かしむ世代と若い世代の断絶、カムチャツカ半島の美しくも厳しい自然環境、先住民族の豊かな文化、その描写もまたこの小説の美点なのです。

いったんは後景に退いた姉妹誘拐事件が最終章「七月」でどう描かれるかも楽しみに、読み進めていってください。

2021.4.11

カズオ・イシグロvs.イアン・マキューアンで読むAI小説

１９４８年生まれのイアン・マキューアンと１９５４年生まれのカズオ・イシグロ。現代イギリス文学界を代表する作家による「ＡＩ」を主題にした作品、『恋するアダム』と『クララとお日さま』が、２０２１年の１月と３月に相次いで翻訳刊行されて話題を呼んだ。

『恋するアダム』（村松潔訳　新潮社）と『クララとお日さま』（土屋政雄訳　ハヤカワepi文庫）。本国で刊行されたのはそれぞれ２０１９年と２０２１年でマキューアン作品のほうが先に発表されていますが、２０１７年にノーベル文学賞を受賞したイシグロが受賞後第一作にあたる『クララとお日さま』を書き上げたのは２０１９年12月だったそうですから、同作が『恋するアダム』の影響を受けたとは考えられません。複数の作家がほぼ同時期に同テーマの作品を発表する現象は時々起きるのですが、現代文学における重要な作家ふたりによる今回のシンクロニシティは、「ＡＩ」がこれからを生きるわたしたちにとっての重要な課題のひとつだということを指し示しているのではないでしょうか。

とはいえ、小説家としての資質がまるで異なるふたりですから、「ＡＩ」をテーマにしても読み心地はまったく違います。まずは、それぞれの粗筋から紹介していきましょう。

『恋するアダム』の主人公は若いころからあれこれ手を出してはみたものの、どの事業にも失敗し、32歳になった今はオンラインの株式と通貨市場での投機で生き延びている独身男のチャーリー。同じアパートの上の階に住んでいる、10歳年下の社会史の博士号を持つ研究者ミランダとの関係を進展させたいと思っています。

そんな1982年、両親が遺してくれた家が思いがけないほどの大金で売れたものだから、チャーリーは発売されたばかりの〈初めて本物だと思える人造人間〉アダムを8万6千ポンドで購入。彼を一緒に〝育てる〟ことで、ミランダとの仲を深められないかと考えたのです。

ところが、インターネットから無尽蔵に知識を吸収し、あらゆる情報にアクセスできてしまえるアダムは、チャーリーにミランダに関する警告を発します。「この数秒間のリサーチと、わたしの分析によれば、彼女を完全に信用してしまわないように気をつける必要があります」「彼女は嘘つきである可能性があります。意図的な悪意ある嘘つきである可能性が……」と。どうも、ミランダは過去に刑事事件に関係したことがあるらしいのです。

その一方で、自由意志を持つことも可能なアダムは、やがてミランダに恋心のようなものを抱くようになり、アンドロイドとの行為に好奇心を抱いたミランダとついにセックスをしてしまうんです。そのことでギクシャクしてしまう三者の関係の変化を丁寧な筆致で追いつつ、作者のマキューアンはアダムがチャーリーに警告したミランダの過去を少しずつ明かしていきます。

かたやイシグロ作品のタイトルヒロインであるクララは太陽光をエネルギー源とするAF（人工親友）で、買い手がつくのをほかのAFたちと共にお店で待っている最新式より少しだけ古い型のAIロボットです。クララは外界の出来事に対する好奇心が強く、鋭い観察眼を持ったAFとして、冒頭、作者によって愛情深く描かれていきます。そんなある日、店にひとりの少女が駆け込んできます。「昨日、この前を通りながらあなたを見て、あっ、この子だって思ったの。ずっと探してたAFがここにいたって」と話しかけてきたのはジョジー。ジョジーは自分が母親と暮らす家からは、クララが愛してやまない太陽が沈んでいく場所が見えることなどをアピールしたあと、迎えに来ることを誓って去っていくのでした。

ジョジーは、でも、なかなか来てくれません。それでも待っていたいクララは、自分に関心を抱く客をそれとなく拒否するというAFが商品として決してしてはいけない仕儀に及びもするのですが、その甲斐あって、やっとジョジーのAFになれるんです。

万事控えめな態度を取りながらも、無償の愛情をジョジーに抱き見守るクララは、少しずつ親友を取り巻く事情に詳しくなっていきます。ジョジーには近所に住む仲よしの少年がいること。でも、そのリックは少し変わり者の母親の判断によって、ジョジーをはじめとする多くの子供たちが受けている〈向上処置〉をされていないため、大学進学の道もほぼ閉ざされていること。ジョジーには姉がいたものの、亡くなっていること。エリート技術者だった父親もなんらかの問題を起こして仕事を失い、今はコミューンのようなところに住んでいること。そして、何より、ジョジーが病弱でこのままでは大人になれないかもしれないこと。

お日さまに対して信仰に近い気持ちを抱いているクララは、店にいたころに目撃した光景を思い出します。夕暮れ時に死んでいた（とクララには見えた）物乞いの男性と犬が、〈通りにもビルの内部にもお日さまが射し込み、栄養を注ぎ込んでくれている〉翌朝に〈生き返ってい〉たことを。以来、〈きっと、お日さまが送ってくれている特別な栄養のせいです〉と信じているクララは、その〈特別な栄養〉をジョジーにも分け与えてくれるようお日さまにお願いするために、ある計画を立てるんです。

――と、途中までの粗筋はこうなっているのですが、以降は項目を分けて2作品の違いを明らかにしていきます。

共に一人称視点で物語られる作品なのですが、『恋するアダム（以降『アダム』）』の場合は、アンドロイドを購入するチャーリーの〈わたし〉語りで、『クララとお日さま（以降『クララ』）』はＡＩロボットの〈わたし〉語り。

この違いによって、前者ではチャーリーの目や感情を通したＡＩが描かれていくため、成長の過程でたとえアダムに内面が生まれたとしてもそれについての描写はなされず、どこか冷たい得体の知れない他者としてアンドロイドが物語世界に存在することになります。一方、『クララ』では、ＡＩの内面について豊かに描写されていきます。その反面、クララがどんなに優れた観察眼や思いやりを持ち、感情面でも知能面でも成長することができるＡＦだとしても、アダムと違ってネットにアクセスして即座に知を集積できる仕様にはなっていないせいで、その時点で欠けている知識のために周囲で起きていることを正確に分析できないこともしばしば起こります。

アダムは「あらすじ」や「視点」でも述べたとおり、インターネットにあふれている膨大な知の中から最適解を求める能力があります。アシモフが提唱したロボット工学三原則の「人間への安全性、命令への服従、自己防衛」のうち最初と最後の項目には忠実ですが、「命令への服従」に関しては、不十分。彼が最優先させるのはチャーリーの命令ではなく、人間社会が作り上げたルールです。法といっても構いません。なので、いくらチャーリーやミランダのためであっても嘘はつけないし、常にルールのほうを優先させてしまうんです。

クララは違います。彼女が最優先するのは常に親友のジョジーの生存であり、気持ちです。天才級の知識を悪意なくとうとうと述べ立ててはチャーリーとミランダを辟易させてしまうアダムとは違って、常にジョジーの邪魔にならないよう、ジョジーがイヤな気持ちにならないよう、ジョジーが健やかでいられるよう、静かに気遣ってばかりいるんです。

というわけで、「好感度」は圧倒的にクララに軍配が上がります。もっ、読んでると切なくなってくるほど、優しい子なんです。ただ、「ユーモア」という面ではアダムのほうが上。とはいえ、アダムが上手なジョークを言えるからではありません。人間社会でもまま見られるように、融通が利かない人物の言動が時に巧まずして笑いを生むことがありますが、アダムが巻き起こす笑いもまさにそれ。チャーリーとの凡才天才漫才のようなかけ合いが生むシニカルな笑いは、

『アダム』の大きな美点です。

『アダム』の背景となっているのは1982年のイギリスですが、現実の82年とはだいぶ様相を違えています。イギリスはフォークランド紛争で大敗し、鉄の女サッチャーが退陣。12年ぶりに再結成されたビートルズが新譜を発表。1954年に不審死を遂げたはずのアラン・チューリングが生きていて、アダムのような完璧なアンドロイドの開発に重要な役割を果たしています。つまり、○○が××だったらこんな世界になっていたかもという思考実験を、作者のマキューアンは物語の背景で行っているんです。

『クララ』の舞台は未来社会です。AFといわれるAIロボットが、アクセサリーや食器などの雑貨を扱う店で売られていて、AFはバージョンによって値段も違い、その家の子供が成長して用なしとなれば気軽に廃棄されてしまいます。また、粗筋でも触れたように多くの子供が〈向上処置〉を受けていて、これは遺伝子操作によって知能を高くするのみならず、集団行動を乱さないとかルールが遵守できるといった、社会生活を潤滑に送るために有利な性格に誘導する処置です。この設定によって醸される作品世界の空気感は、イシグロの世界的ベストセラー『わたしを離さないで』を彷彿とさせます。

「教養」は断然『アダム』が上。ありとあらゆる知から最適解が出せるAIやアラン・チューリングが生存しているという設定ゆえに、作者のマキューアンがこの小説内で提示している知の領域の広さと深さは、「いったい、どれだけ多くの参考文献を読んだのだろう」と感嘆の声を上げてしまうほどです。人間の知性を軽々超えていくアダムの声を借りて人類と文明の未来像を展開し、チューリング自身に人工知能の仕組みと可能性を解説させる。そうした博覧強記の記述が知的好奇心をそそる上、マキューアンは自ら俳句を作るようになるアダムを通して、文学の現況と未来についても考察。それに賛同するかしないかは別として、非常に斬新で刺激的な文学観が展開されているのも『アダム』という小説の瞠目すべき特色といえましょう。

カズオ・イシグロは『わたしを離さないで』でもそうであったように、社会がどうしてそのようになったのか、技術革新がどのように生まれたのかといった仕組みや、その変化を支える科学的教養の開陳は行わない作家です。クローンにしても今回のＡＩロボットにしても、ある種の寓意として提出されており、描こうとしているのは、それが大昔（たとえば、６世紀頃を舞台にした『忘れられた巨人』）であっても未来であっても、○○が××だったらというシミュレーションの思考展開ではなく、常に〝今ここにある危機〟であるように思います。善良なＡＩロボットを主人公にすることで求められるべき人間性を提示し、子供たちに施される遺伝子操作という設定によって多様性を守ることの意義を突きつける。それを、未熟だけれど心優しいＡＩの無垢な語りによって伝えてくるから、読む側も静かに豊かに感情を揺すぶられることになるんです。読みながら「ずるーい」と声を上げたのはわたしばかりではありますまい。

『アダム』では、チャーリーとミランダの関係やミランダが抱えている秘密をめぐっての展開が、アダムの嘘がつけず理想を曲げられないという特性によって思わぬ方向に転がっていきますが、それ自体は驚くというほどではありません。理知的で法を遵守するアダムと、時に衝動に負け、嘘もつき、黒と白の間で右往左往する人間の対比がおもしろい小説ではありますが、基本路線としては理が勝っている書き方になっているため、途中で決着の方向性が見えてしまうんです。なので「驚き」という面ではどうしても弱くなってしまうのですが、しかし、「こうなるんだろうなあ」と思いつつも、読み始めたらやめられないほどのリーダビリティを備えているのは確かです。知とエンターテインメントがハイレベルで両立。巧すぎるにもほどがある小説だと、わたしは思います。

一方、『クララ』の内容紹介に関しては、実はここに至るまで触れなかった要素がいくつかあるんです。なぜなら、「驚き」にまつわることだから。お店でクララを購入する際、ジョジーの母親がクララに娘の真似をさせたのはなぜなのか。母親がジョジーの肖像画を描いてもらっているのはなぜなのか。ジョジーのお姉さんはそもそもどういう理由で亡くなったのか。そうした読んでいる最中「?」が浮かぶようなエピソードの数々が、最終局面で、ある衝撃的な真実に結びついていくんです。その「驚き」はこれから読むあなたのためのものです。

ネタばらしに配慮しなくてはならないので、細部の比較に関して足らないところも多いかと思いますが、拙文を通して「2作とも読みたい!」と思ってくださる方がいたらうれしいです。わたしは読んでよかったなあと思っていますし、「AI」という共通点を持った現代文学を代表する作家による2作品が、ほぼ同時期に翻訳刊行されたのは日本だけ。その恩恵にあずからないという手はありませんから。

2021.5.9

国民投票によって分断されたイギリス社会を示す『秋』

2021年5月6日、憲法改正の手続きを定めた国民投票法の改正案が衆院憲法審査会で可決された。これによって、投票「事前活動」が可能となり、財源の豊かな政党の思惑が優位に動きやすくなるのでは？など不安の声は大きい。国会提出から3年、自民党は今後、衆参両院の憲法審査会で改憲議論を本格化させていく構えだ。

とうとう国民投票法改正案が衆院憲法審査会で可決されてしまいました。憲法改正のための手続きとして必要な憲法96条に定められた国民投票を、公選法に合わせたかたちにするのが目的で、平和憲法を改悪しようとしている安倍晋三の黒い野望の実現に一歩近づいたというべきでしょう。が、しかし、2018年に改正案が提出されて以降、議論はじゅうぶんになされてきたのでしょうか。今回、自公と立憲民主党の間で修正案のすり合わせが行われたようですが、国民は事前にその詳細と展開を知らされていたでしょうか。新型コロナウイルス禍で国民の多くが健康不安と生活難を抱え、コロナ対策にこそ全力を傾けなければならない今、火事場泥棒のように可決を急ぐべき案なのでしょうか。こういう手口で行われることはたいてい悪事と相場は決まっており、疑心は募るばかりです。

とはいえ、わたしは憲法学者でも政治学者でもありません。一介の書評家です。国民投票法改正案が今国会で成立した結果、政治が、社会がどんなふうに変化してしまうのか、不安をふくらませるばかりで専門家の皆さんのように具体的なビジョンを提示することはできません。一介の書評家ができることは、良書の紹介です。

というわけで、アリ・スミスの『秋』(木原善彦訳　新潮社)を取り上げます。

現代のイギリスに住む、母親が亡くなったばかりのティーンエイジャー、ジョージの大晦日の様子から始まるエピソードと、15世紀の実在のイタリア画家フランチェスコ・デル・コッサのエピソードという、一見なんの関連もなく描写のスタイルもまったく異なるふたつの物語が、アクロバティックなかたちで結びつく。しかも、造本上にもある驚きの仕掛けが施されていて——。

アリ・スミスといえば、2018年に訳出された『両方になる』(木原善彦訳　新潮社)で、日本でもファンを増やしたイギリスの女性作家です。今回紹介する『秋』は、2016年、イギリスが国民投票によってEU離脱(ブレグジット)を決めたことを受けて書かれた「ポスト・ブレグジット小説」として話題になった長篇小説。国民投票によってイギリス社会がどう変化したかについても描かれているので、日本人にとっても示唆に富んでいる作品と、わたしは思っています。

主人公は、大学で美術史を教える講師をしている32歳のエリサベス。彼女には69歳も年が離れた友ダニエルがいます。出会いは8歳のとき。1993年、母親とふたり引っ越したばかりの家の隣に住んでいたのがダニエルだったんです。直接いろいろ話を聞いた上で、隣人についての作文を書くという宿題が出されたのがきっかけで、自分に会いに来た小さな女の子を初対面で気に入った老人は〈やっと会えた〉〈生涯の友〉とまで言って受け入れ、以降、ふたりは友情を育んでいくことになります。

今や療養施設で眠りつづけている101歳のダニエル。彼を見舞い、枕元で本を朗読するエリサベス。この現在進行形の物語の背後にあるのは、〈人々は互いに向かって何かを言っているのだが、それが決して対話にはならない〉〈(エリサベスの母親が住む)村の人の半分は、残り半分の人に話し掛けなくなった〉〈イギリスのあちこちで、国がばらばらになる。イギリスのあちこちで、国が漂流を始める。イギリスのあちこちで国が分裂し、こっちにはフェンスが立てられ、あっちには壁が作られて、こっちには線が引かれ、あっちでは線を越える人が出てくる〉というブレグジットをめぐる国民投票によって分断されたイギリス社会です。

〈週末に、大声で〝統治せよ、英国よ〟を歌いながらエリサベスのアパートの外を歩くチンピラの一団がいた。英国は大海原を統治する。最初の標的はポーランド人。次はイスラム教徒。その次は日雇い労働者、そしてゲイ。おまえら、ただじゃ済まさないぞ、と同じ土曜日の朝、ラジオ4の討論会で右翼の代表が女性国会議員に向かって大声で言っていた〉

そんな近年の日本によく似た光景が繰り広げられる現在進行形の物語の合間に挿入されるのが、ダニエルが深い眠りの中で見ている夢であり、ダニエルとエリサベスが長い年月をかけて培ってきた思いやりと敬意に満ちた関係です。そこから浮かび上がってくるのが、１９６０年代に活躍した実在のポップアーティスト、ポーリーン・ボディ。

コラージュ、絵画、ステンドグラス、舞台装置などを作っていたばかりか、女優として舞台やテレビの仕事もしていたマルチな才能の持ち主。28歳という若さで亡くなったこの女性の、ジェンダーや政治をめぐる先鋭的な作品に、エリサベスは幼いころダニエルの家で接しており、学生時代に再発見した折には、指導教員の反対を押し切って学位論文のテーマにも取り上げたほどなのです。

ダニエルとポーリーン・ボディはどんな関係だったのか。エリサベスと共に、読者は想像を巡らせずにはいられなくなります。エリサベスとは違って、ダニエルが見ている夢の内容まで知っている読者は、よりいっそう、ミステリアスな人生を送ってきたダニエルの若き日に、思いを馳せずにはいられなくなるんです。

イギリスがＥＵから離脱するかどうかを決める国民投票が行われた２０１６年を現在進行形の物語の舞台にしているこの小説は、そのことによってかの国が決定的に分断された世相を描いて、これからその大事と向き合わなくてはならないわたしたち日本人にとっては、なかなかに衝撃的です。戦後守りつづけてきた平和憲法の改正（わたしは「改悪」と思っています）の是非を問う国民投票によって、ただでさえ分断化が進んでいる日本の社会はどうなってしまうのか。不安は募るばかりです。

イギリスにおけるような社会変化は、日本においても決定的でありましょう。でも、立ち止まって考えてみると、これまでだって社会は変化しつづけ、わたしたちは変化を経験しつづけてきたわけです。そのさなかにあって、混乱する大勢の〝わたし〟を支えてくれたのはなんだったのか。誰かに向ける愛情や、記憶や、思考停止しない姿勢のはずです。ダニエルとエリサベスは、小説世界の中で、急流の中にあって流されることなく立ちつづけるためのその姿勢を見せてくれています。『秋』という作品が描いているのは、国民投票によって生じてしまう分断に対する不安だけではありません。そこに立ち向かうための心の在り方なのです。夢や理想の効用なのです。だから、わたしは国民投票法改正案が今国会で成立したって、平和憲法を守ることを諦めません。

2021.6.6

偉い作家の批判はしない、させない。それが出版界の忖度か！

2021年5月、第30回日本映画批評家大賞の授賞式があり、『私をくいとめて』で主演女優賞を受賞したのん（能年玲奈）と、監督賞を受賞した大九明子が授賞式に臨んだ。しかし、その報道を避けるメディアも。出版界でも、暗黙の圧力と忖度の存在が、久しく書評から力を奪っている。忖度のない「酷評」の意義を考える。

5月31日、日本映画批評家大賞の授賞式があり、のん（能年玲奈）さんが主演女優賞を受賞しました。ところが、「〝フジテレビ視点〟のエンタメ情報をお届け」すると謳っているTwitter（現在はX）アカウント「フジテレビュー!!」は、主演男優賞の結果はツイートしておきながら、主演女優賞については触れなかったんです。主演女優賞といえば主演男優賞と並んで映画賞の華であり、しかものんさんが受賞した作品『私をくいとめて』は大九明子さんが監督賞も受賞しているのですから、この主演男優賞にしか言及しないツイートは大変バランスを欠いており、なので、わたしは「なぜ、主演女優賞をスルーするんですか？」と疑問を投げかけたのでした。

質問には答えていただけなかったのですが、胡散臭いと思ったのはわたしだけではなく、凄まじい数の異論が寄せられたためでしょうか、ほぼ24時間後、『フジテレビュー!!』は取ってつけたように主演女優賞についてもツイートしたのです。

皆さんもご存じのとおり、NHK連続テレビ小説『あまちゃん』(2013年)のヒロイン・天野アキ役でブレイクしたのんさんは、2015年に所属先のレプロエンタテインメントと揉めに揉め、すったもんだの末ようやく契約終了にまでこぎつけたのですが、その際「能年玲奈」という本名をレプロによって剥奪されました。レプロのバックにあるのは業界最大手事務所バーニングです。なので、のんさんはその後、〝制裁〟というかたちでテレビや映画から干されることになり、雑誌でもほとんど姿を見ることができなくなりました。

もちろん、レプロは「自分たちは局に圧力なんてかけてない」と言い張るでしょう。しかし、ジャニーズを退所した元アイドルたちの例を見てもわかるように、大手芸能事務所を自分の都合で退所したタレントには暗黙の制裁が下されるんです。この〝暗黙〟のうちにはテレビ局やメディアによる強者に対する「忖度」も含まれます。

「みなまで言わせるな」「言わなくてもわかるでしょ?」。日本にはもともとそういう精神土壌はあったわけですが、喜ばしいことにネットやSNSの発展によって、徐々に強者による暗黙の圧力やメディアによる強者に対する暗黙の忖度は暗闇の中から引きずり出され、陽の光の下醜い姿を露わにされるようになってきています。

皆さんもご存じのとおり、のんさんはそんな制裁をものともせず、自分の事務所を作り、テレビ局やメディアの力に頼ることなく、独自の活動によって音楽や声優、俳優、ファッション、創作に邁進し、自分にとって気持ちのいい居場所を作ることに成功しました。ざまみろレプロ、ざまみろ圧力忖度人間、です。

さて、出版界にも残念なことに暗黙の圧力と忖度は存在します。実際、自分もある雑誌に寄稿した文章が某有名作家の逆鱗に触れ、大御所に忖度した出版社の偉い人たちによって雑誌は全面リニューアル、それまで同社でたくさんの仕事をしてきたライターのわたしは長きにわたって干されたという経験があります。権力を有する作家やドル箱の作家、面倒臭い作家の批判はしない、させない。それが出版界の暗黙の圧力と忖度です。や、そればかりか、書評に限っていえば、どんな作品の批判も控えることまで暗黙の了解として要請されています。

中には、かつてわたしが連載を持っていた「ＴＶ Ｂｒｏｓ.」(東京ニュース通信社)のように批判上等の雑誌もありますし、編集者によっては全面的な否定でなければ多少の批判はよしとしてくれる場合もあります。でも、基本「批判はノーサンキュー」なのです。30年くらい前までは、批判は許されていたし、作家と評論家の論争も存在しました。丸谷才一率いる精鋭評論家軍団が集結した「週刊朝日」の書評欄では、掲載された自作への批判的な書評に対し、大江健三郎が大変まっとうな反論を読者欄（！）に投稿し、自分が間違っていることを認めた評者が書評委員を辞めるなんてことがあったくらいで。なのに、今はとにかく「批判はダメ」。でも、批判ってほんとにそんなにいけないことなのかなあ。

というのも、褒められて怒ったり反論したりする作家はあまりいないじゃないですか。つまり、絶賛評というのは、（自分でも書くので、けっして悪いと思っているわけではないのですが）読者を広げる役割は果たしても、小説をめぐる運動に関していえば、そこで終わってしまうわけです。「褒めたー（評者）」「ありがとー（作家）」「おもしろそー（未読の読者）」……終わり。でも、批判的な評は違いますよね。「ひはーん！（評者）」「なーにぃ!?（作家）」「こいつわかってない！（既読の読者）」「自分はそうは読まないなー（同業者）」といったように動きがつづいていくわけです。これって、小説にとって損ですか？

というわけで、今回オススメしたいのは、1800年頃から1950年頃までに発表された楽曲に対する酷評ばかりが収録されている、ニコラス・スロニムスキーの『クラシック「酷評」事典』上下巻（藤村奈緒美訳　ヤマハミュージックメディア）です。大森望氏と『文学賞メッタ斬り！』なぞというヤクザなユニットを組んでいて、そこで候補作や選考委員に失礼な物言いをしがちなせいで批判的書評なんてほとんど書かないのに「辛口書評家」と呼ばれがちなわたしでも、胸が痛くなって読み通すことが困難なほどの罵詈雑言の嵐。

試しに下巻の巻末についている「罵倒語索引」を開いてみてください。「あまりにも低俗な」「言うに耐えないほどの陳腐さ」「生ける災厄」「いびき」「意味不明のたわごと」「牛のような肉欲」「演奏できない」「おぞましい」「音の豚小屋」「音楽界のガキ大将」「火山の地獄」「ガシャガシャ」「汚い」「共産主義のプロパガンダ」「極刑」「けがをした犬の苦しみの叫び」「古生代の生物がうごめく水槽」「昆虫の大量発生」「最悪の部類の屑」「正気を失った宦官」「性的倒錯による鞭打ち」「象」などなどなどなど。人の数だけ罵倒ありといいたくなるほど多種多様な酷評の文言が並んでいて、それがどの作曲家を指しているのか探して読んでみるなんて、逆引きの楽しみ方もできる事典なんです。

でもね、楽曲そのものについての批判ならまだいいんです。今では考えられない、容姿に対する悪口まであるのが凄まじいんです。

〈先日の晩、カフェ・リッシュでドビュッシーに会ったが、その独特の醜さには驚かされた。顔は平たく、頭頂部は平らで、目は突き出ている――表情はぼんやりとしていて陰気だ――全体的には、長い髪ともじゃもじゃのひげ、野暮ったい服にソフト帽も手伝って、フランス人というよりも、ボヘミア人やクロアチア人、フン族のように見えた。高く突き出た頬骨は、その顔にモンゴル的な風貌を与えている。短頭型で、髪は黒い。(中略)この男は東洋からやって来た生霊なのだ。〉

(ジェームズ・ギボンズ・ハネカー『ニューヨーク・サン』紙　1903年7月19日『クラシック名曲「酷評」事典 上』より)

……ジェジェジェジェームズ、恐ろしい子っ！

好きな作曲家のところから読んでもいいし、さっき書いたとおり気になる罵倒語が使われている箇所から読んでもいい。編者スロニムスキーの自著へ寄せた評論や作曲家の望月京さんによるエッセイ、山本貴光さんの解説が素晴らしいので、それらを読んで本書の楽しみ方の見取り図を得てから本文に入っていくものいい。今では名曲とされている楽曲が発表時にはこんな酷評も受けていたのかと、ページを開くたびに驚かされるこの上下巻は、ちびちび長期間にわたって愉しめる逸品なのです。

書評という「評」を生業としているわたしは、この酷評が当時の音楽をめぐる運動にどんな燃料を投下したのかが気になります。気概のある作曲家は反論したに決まってますから。あと、この酷評、書いた本人たちはこんなふうに後世の人に読まれると思っていたのかも気になるところです。留意すべきは、当時の音楽評論家は当時の耳で聴いていたということ。それまでの音楽の常識のくびきから逃れていない耳で聴くのと、その後の音楽の多様性に触れた現代人の耳で聴くのとは当然違ってくるわけで。だから事典を読みながら「バッカでえ。ベートーヴェンの第九にこんな見当違いな罵倒を浴びせてやんの」とは、わたしには思えないんです。自分が以前批判した芥川賞候補作品も100年後の読者の目で読んだら、と想像すると震え上がってしまうので。

芸のある酷評は読んでおもしろい。真剣な酷評は次の評を生むから価値がある。そして、酷評は怖い。折に触れては開きたくなる本がまた増えました。

2021.7.6

昭和のがさつなおじさんにNO！を突きつける

2021年は麻生太郎財務大臣、二階俊博幹事長など、自民党議員のおじさんたちの失言や失態が続いた1年でした。松田青子『男の子になりたかった女の子になりたかった女の子』所収の一編「「物語」」は、昭和のがさつで無神経なおじさんタイプが発する言説に感じた屈辱と怒りを共有してくれます。

6月25日に発売された月刊誌「Ｈａｎａｄａ」（2021年8月号／飛鳥新社）におけるジャーナリスト・櫻井よしことの対談で、安倍晋三が発した「歴史認識などで一部から反日的ではないかと批判されている人たちが、今回の開催に強く反対している」という発言が話題になっていますが、正直、「またか」という気分です。

安倍晋三しかり、麻生太郎財務大臣しかり、二階俊博幹事長しかり、菅義偉総理大臣しかりで、自民党の偉いおじさんたちは、どうして失言や失態を避けることができないのでしょうか。理由として考えられるのは、

・そもそも失言だとも失態だとも思っていない。
・自分にはそれが許されていると思っている。
・下層階級民からはどう思われてもいいと開き直っている。
・老化によって口にチャックしておく機能が低下している。

といったあたりでしょうか。

で、ここ数年の彼奴《きゃつ》らの言動を振り返れば、己の愚を反省したり襟を正したりする気がないのは明らかで、こうした「蛙の面にションベン」的状況に、わたくしどもは徒労感と疲弊感を募らせるばかりだったりするわけです。（どうせ開催されるのであろう）オリパラ閉幕後に行われる衆院選が、連中に一泡吹かせるチャンスではありますが……。

が、しかし、今回わたしが注目したいのは安倍発言の中の「反日的」というひと言なのです。安倍がこの言葉で狙っているのは、「オリンピック開催に反対しているような論者は反日なのだ」というレッテル貼りなのではないでしょうか。そのレッテルを貼ることで、新型コロナウイルス禍が一向に収束に向かわない日本でオリパラを開催することの無茶と危険性を指摘している大勢のまっとうな論者を、反日分子として国を愛する国民の敵に仕立て上げる。権力者はこうした意図的な〝物語〟によって、国民感情を揺さぶり、コントロール下に置こうとすることに常に気をつけていなくてはならないと、わたしは今回の安倍発言で改めて自分に言い聞かせた次第です。

で、そう言い聞かせるきっかけになってくれたのが、松田青子の作品集『男の子になりたかった女の子になりたかった女の子』（中央公論新社）に収録されている「「物語」」という一篇なんです。〈クイズです。この中にいくつ「物語」が隠れているでしょう？〉という問いかけから始まる作品の中で、作者の松田さんは物語と「物語」の違いをまず明確にしてくれています。

〈物語は時を超え、民から民でと語り継がれ、歌い継がれ、とても大切にされていました。（中略）どんな時も、民は物語とともにありました。物語があることで、民は愛を、慈しみの心を、希望を捨てず、生きることができたのです。そうです、物語は素晴らしいものでした〉

対して「物語」はというと、

〈「物語」は物語界のファストフードでした。手軽で、驚くほど安い値段で（多くの場合、無料でした）、すぐに手に入るのです。新しい技術が、「物語」の拡散をとても容易なものにしました。「物語」は生活の隅々まで紛れ込むことで、民が探す手間を省いてくれました〉

〈さらに素晴らしいことに、この「物語」には、参加することができました。民の一人が

「物語」だと言えば、誰かがどこかから「物語」を発見してくれば、すぐにそれは「物語」として認められました。ゴールドラッシュもかくやという勢いを持って、民は「物語」に群がりました〉

〈民は思うままに事実を取捨選択し、「物語」を纏めることができました。主観や偏見、社会通念が「物語」を支配しました。もちろん、物語にも古来そのような側面は常にあったのですが、「物語」では、この点がさらに一目瞭然になりました〉

〈「物語」の応酬で日々は祭のように賑やかなことこの上なく、また、その一連の応酬が一つの「物語」として、ネットワーク空間に、民の海馬に刻まれることになりました。民は「物語」を主食として喰らう怪物と化したのです〉

こうして、「物語」がいかなるものかを明らかにした後、松田さんは具体的な「物語」と「物語」から逃亡する人たちの存在を提示していくんです。

会社で働く女性・風間行子のことを〈きみは〉と呼びかけ、脳内で勝手な「物語」を作り上げていく存在〈わたし〉。彼は、風間行子に対して故意に誤ったデータを付与し、自分の中の「女はこういうものだろう」という「物語」を押しつけようとします。風間行子がその「物語」から逃れようとするたびに、「物語」を自分の都合のいいように語り直し、彼女を逃そうとはしません。女は流行り物が好き、女はフワフワした恋愛映画が好きでアクション映画を見ない（見ちゃいけない）、女が化粧をするのは彼氏のため、女はデートであるならハイキングでも白いワンピースを着ていきたがる、デートの日は上下で色を揃えた色気のある下着をつける ｅｔｃ．ｅｔｃ．

〈わたし〉によって「物語」の主人公にされてしまった風間行子もついに怒りを爆発させます。〈静かに聞いていれば、こっちが我慢してれば、好き勝手にいろいろ言って、しかも周りの人たちに言わせるような、自分じゃないですみたいな、卑怯なやり方で。（中略）あなたの「物語」はなんて退屈なの。逃亡生活を送りたくなるのも当たり前〉〈なんでもかんでも都合のいい、安っぽい「物語」にするのはやめて。たいして愛着もない癖にいっぱしの気分になって。ずっとずっと逃げたかった。あなたの曇った眼鏡が世界を曇らせる、全部一緒にしてしまう。磨いてください、その眼鏡。できないんだったら、私をあなたの「物語」に登場させないで。放っておいてください〉と。

しかし、〈わたし〉は反省したりしません。次から次へと犠牲者を見つけては、懲りもせず自分の「物語」を押しつけつづけます。そして、自分の「物語」の中では〝こうあるべき〟女性、女学生、若い男性、夫婦、孫の姿を押しつけ、そのたびに登場人物たちから「ＮＯ！」を突きつけられることになるんです。

ひと言で言って痛快至極です。でも、この自分の「物語」を他者に押しつける〈わたし〉は、自分自身の似姿であるかもしれない可能性に気づいて、痛快至極な気分はすぐに沈んでしまいます。

人の振り見て我が振り直せ、なのです。また、こうも思ってしまいます。作者の松田青子さん自身もまた、この作品を通じて〈わたし〉に忌むべきタイプのおじさんの「物語」を押しつけることになってはいないか、と。そう考えると、松田さんが作品冒頭で解説した「物語」から、わたしたちが逃げ切るのは不可能なのかもしれません。「物語」を批判するときに他の「物語」を用いてしまっては、「物語」から逃れるどころか「物語」に呑み込まれることになりかねない……。そんなあれこれが頭の中に渦巻く、これは素晴らしい問題提起作なのです。

女性の体や制服に向けられる性的な視線。女の子に強要される従順さや無邪気さ。何か事が起きれば、女性にそうさせている男性にではなく女性に対して向けられる非難。女性が大きな声で抗議すれば、「感情的になるなよ」と小バカにする風潮。そうした理不尽に、想像力で立ち向かっている作家が松田青子です。ですから、この短篇集に収録されている11篇も、先に紹介した「「物語」」をはじめ、男性中心社会の中で昭和のがさつで無神経なおじさんタイプが発する言説のあれこれにうんざりさせられている女性や、昭和のがさつで無神経なおじさんタイプの言動を批判的に見ることができる男性にとって、心励まされる作品になっています。

中学生のとき、洋画チャンネルで発見した80年代後半のアメリカ映画『恋しくて』。表題作の主人公はそこで〈まるで男の子のような格好をしたショートカットの女の子の虜に〉なります。〈かっこいい。かっこいい。かっこいい。男の子になりたかった女の子になりたかった女の子の全身が叫び続ける〉。その一方で、彼女は世の中で傑作とされている映画の多くに登場する〈性的に登場し、性的に動き、性的に扱われる〉女性にはまったく共感は覚えず、〈それは男が選んだ男の傑作だ〉と思うんです。

あるいは「桑原さんの赤色」における、大学生の夜野がアルバイト先の不動産屋で出会った〈両のまぶたに真っ赤なアイシャドウをたっぷりと塗って〉いる中年女性の桑原さん。後年、26歳になった夜野がこの色の意味をはっきり自分のものとして認識する瞬間は、自分にもいつかどこかにあったと気づき、はっとさせられる人が多いのではないでしょうか。

「そうっ！　そうそうそう！」と快哉を叫んでしまうのは「許さない日」。この小説の中で、作者の松田さんは〈あのおぞましい〉ブルマの生地を、想像のハサミで細かく切り刻んでくれます。なんであんな動くとパンツがはみ出てしまうような性的な代物を体操着として身につけなければならなかったのか。還暦を迎えた今も忘れられない屈辱感と怒りを、この小説はわたし（そしてある年代に属する女性）と共有してくれるんです。

ユキという漢字が違うけれど同じ名前を持つふたりの女性。同じ団地の向かい合わせの部屋に住む、彼氏と同棲している20代終わりのユキと、充足したひとりの人生を送っている40代半ばのユキの数年間の生活と淡き交わりを描いた「向かい合わせの二つの部屋」。コロナ禍の中、まだ赤ん坊の我が子と共に、問題のある夫から逃れて見知らぬ土地の生活型ホテルに隠れ住んでいる女性の不安と希望の日々を綴った「誰のものでもない帽子」。

この作品集にはさまざまな声で描かれたさまざまなタイプの女性が登場し、読者であるわたしたちはその中に自分の似姿や知人の顔を見つけたり、そうであったかもしれない自分、そうなるかもしれない自分と出会ったりしながら、すべての物語を近しいものとして摂取していくことになります。「物語」ではない、物語に出会うことができる一冊なのです。

2021.8.6

過去に復讐されるのは、著名人だけではない

2021年7月23日に開幕した2020年東京オリンピック競技大会は、開会式を担当するクリエイターの「過去」の問題で、直前の辞任、解任がつづく大波乱となった。逃れられない過去とどう向き合い、どう生きていくべきなのか。現代イギリス文学を代表する作家、ジュリアン・バーンズの作品を手がかりに思索する。

ある評判のいいクリエイターが、いろいろと深刻な問題を抱える国をあげたイベントの演出を急遽依頼され、引き受けた。クリエイターはかつてお笑いコンビを組んでおり、テレビにばんばん出演するタイプではなかったが、独特の笑いのセンスがサブカルチャーを愛する人たちの強い支持を受けていた。ところが、まださほど有名ではなかった時代に発表したコントの中で放ったたったひと言が掘り起こされ、クリエイターは問答無用でイベントの演出を解任されてしまったのだ。

わたしたちは東京オリンピックの開催に際して、過去に復讐される人の姿を見た。ミュージシャンの小山田圭吾と、元ラーメンズの小林賢太郎。

10代の頃に加担したとされる「いじめ」について、1990年代半ば、雑誌のインタビューに答え、自虐的な文脈ではあるもののあっけらかんと明かしていたことが問題視され大炎上。開会式の作曲担当を辞任した小山田氏。

1998年に発売されたDVDに収録されているNHK教育の番組『できるかな』を茶化す内容のコントで、ノッポさんに扮した小林が、本物のノッポさんなら絶対に提案しないようなお題をゴン太くんに扮した相方の片桐仁に繰り出しては却下されるという流れの中で放った「ユダヤ人大量惨殺ごっこやろう」というひと言がネットで拡散され、中山泰秀防衛副大臣がユダヤ系団体に通報。国際問題にまで発展して解任された小林氏。

わたしはこの2人を断罪しない。断罪できる立場ではないし、断罪するには判断材料が少な過ぎる。それよりも、なんらまともな事情説明を行わないまま、辞任、解任というかたちで簡単にとかげの尻尾切りを行った大会組織委員会に対する不信の念のほうが強い。

過去に関して、すねに傷を持たない人なんていない。であるからには、小山田氏にしても小林氏にしても自身の過去の活動を思い起こして、オリンピック参与に打診された時に報告すべきだったし、それでもこの2人を起用したいと組織委員が考えるなら「小山田氏は、小林氏は、過去にこれこれこうした過ちを犯していますが、今はこれこれこうした活動をしており云々」という前提を発表した上で、2人に記者会見をさせて過去と今現在について語らせるべきだった。

辞任、解任せざるを得なかったのはわかるが、事前の人物調査を怠り、わたしが右に挙げたような事前の手続きが必要かどうかを予測してみようとすらしなかった組織委員の危機管理能力の低さと大会運営における責任は大きいし、辞任、解任に際しても、本人たちにきちんとした形で説明と釈明の機会を与えるべきだったのではないか。

小山田氏については詳しくないので口をつぐむ。小林氏に関しては、ファンならみんな知っていることだけれど、氏は若かりし頃の功を急ぐあまりの非常識な笑いの取り方を悔いて、その後、人を傷つけない笑いを目指してきたのだし、復興支援をはじめ寄付活動も頻繁に行っている。21世紀以降の小林賢太郎はホロコーストをいじって笑いを取ろうとしていた過去の小林賢太郎とは違うのだ。意識的に変わったのだ。成長を遂げたのだ。

しかし、大会組織委員会からきちんとした説明と釈明の場も与えられないまま、彼は、小林賢太郎というクリエイターのことを知らない人たちから「ホロコーストを茶化した人」として認知されてしまった。おそらく多くの人はそういう人物として小林氏を記憶してしまうのだろう。わたしはそれがとても残念だし、非常に無惨なことと思って胸を痛めている。

〈私たちは自分の人生を頻繁に語る。語るたび、あそこを手直しし、ここを飾り、そこをこっそり端折る。人生が長引くにつれ、私が語る「人生」に難癖をつける人は周囲に減り、「人生」が実は人生でなく、単に人生についての私の物語に過ぎないことが忘れられていく。それは他人にも語るが、主として自分自身に語る物語だ。〉

とあるのは、現代イギリス文学を代表する作家のひとり、ジュリアン・バーンズの『終わりの感覚』（土屋政雄訳　新潮社）です。

前段でわたしは「過去に関して、すねに傷を持たない人なんていない」と述べました。でも、その「傷」が、自らの評判や評価を落としかねないようなものであった場合、わたしたちは無意識に、あるいは意図的にその「傷」を忘れようとします。多くの場合、忘れてしまいます。いや、なんなら「傷」という意識すら持たないまま忘却の彼方に置き去ってしまうんです。

わたしたちは、自分に都合のよい物語を自分の人生に用意してしまう。でも、時に、忘却の彼方から過去は牙をむいて、わたしたちに襲いかかってきます。過去に復讐されるのは、小山田氏や小林氏のような著名人だけではない。わたしたちだって、いつ復讐されるかわからない。ジュリアン・バーンズの『終わりの感覚』はそのことを突きつけて、読後心胆寒からしめる物語になっているんです。

この小説は2部構成と、ごくシンプルな作りになっています。1部は、まずまず悠々自適な引退生活を送っている年老いた男による若き日々の回想の記。アントニーこと〈私〉が高校生の頃に親しくなり、ケンブリッジ大学在学中に自殺してしまった友人エイドリアンと、初めての交際相手だったのですが、のちに自分と別れてエイドリアンとつきあうに至ったベロニカにまつわる思い出が綴られています。

変わって、2部の舞台は現代。見知らぬ弁護士による、「故ミセス・セーラ・フォード（ベロニカの母親）が死に際して、エイドリアンの日記と500ポンドをあなたに遺した」という手紙が届く場面から物語は動きはじめます。なぜ、彼女がエイドリアンの日記を持っていたのか。過去一度しか会ったことのない自分に、なぜ日記を譲りたいのか。当然〈私〉は日記の引き渡しを要求するのですが、ベロニカはそれを頑固に拒絶。なぜなのか。〈あなたはほんとにわかってない。昔もそうだったし、これからもきっとそう〉。再会したベロニカが繰り返すこの言葉は何を意味するのか。

忘れてしまっていた酷い仕打ち、エイドリアンの自殺の本当の理由、ベロニカの苦悩の半生。物語の終盤で過去が真実という牙をむき、〈私〉の魂を食いちぎりにかかってきます。すべての謎が解けるラスト、ショックを受けるのは〈私〉だけではありません。本当のことを知っておののき、その哀しい顚末に心震わせるのは〈私〉だけではありません。時間のなかに生き、時間に翻弄され、時間に騙される、それが生きるということで、人間は自分に都合のいいように記憶を捏造する生きものだということ。その苦い苦い苦い真実に、リアルに迫るこの物語に最後までつきあうと、年をとっていればいるほど〈私〉の痛い体験が他人事ではなくなるんです。

大袈裟でもなんでもなく、わたしはこの物語を読み終えた時、しばし呆然となり、その後、自分の過去を思って背筋が寒くなりました。あまりに怖いから、過去を思い返すのを即座にやめました。「人の振り見て我が振り直せ」とはよく言いますが、この小説を読むと「過去の振り見て今振り直せ」と肝に銘じたくなります。今この時もすぐに「過去」になる。だから、これから先の人生で復讐されることのない「今」を生きなくてはならない。そんなことを深く深く深く考えさせられる、これは素晴らしい小説なのです。

付け足しで、ジュリアン・バーンズ（1946年生まれ）が未知の作家だという方や、もうちょっと若々しい内容の作品も読んでみたいという方にオマケの情報も。

退職した老医師がフロベールに関する著作の執筆を計画しているという物語枠を用いて、小説と評論を合体させてしまった『フロベールの鸚鵡』（斎藤昌三訳　白水uブックス）。ノアの箱舟に乗り込んだ意外な密航者による、漂流生活のリポートと独裁者然としたノアの欠点のあげつらいを描いた第1章をはじめ、物語としての歴史の洗い直しのごときエピソードがとてつもなく愉しい『10 1／2章で書かれた世界の歴史』（丹治愛訳　白水uブックス）。ブリテン島の下腹に張りつくように位置する小さな島に「イングランド」の大規模テーマパークを建設し、偽物が本物以上に本物化していくさまを描いてアイロニカルな『イングランド・イングランド』（古草秀子訳　創元ライブラリ）。

この3作もオススメです。

2021.9.6

糸井重里に韓国文学の傑作を読んでほしい

2021年9月、コピーライターの糸井重里が、ウーバーイーツの配達員に対する嫌味のようなツイートをし、炎上した。かつて雑誌の反戦特集号で「まず、総理から前線へ。」と痛烈な権力批判のコピーを披露したことでも知られる糸井氏だけに、ネット上にはさまざまな意見が寄せられた。

2018年から「ほぼ日5年手帳」を愛用しています。1日分の見開きが5年分に分割されている、A6のサイズ感と紙質が気に入っているからです。ただ、ひとつだけ不満があります。それは、右ページの一番下に誰かが放った言葉が記されていること。

左に仕事の予定や締切を記入し、右に書評で取り上げた本のタイトルやその日あったことを簡単に記しているわたしにとっては、その〝お言葉〟によって最終年にあたる2022年の右ページの余白が存在しなくなってしまう。つまり、「ほぼ日5年手帳」が「ほぼ日4年手帳」になってしまうわけです。

『ほぼ日刊イトイ新聞』のストア側からすれば、手帳を開くたび、心に響く言葉（選んでいるのはどうせ糸井重里なんでしょう）が目に入ってくるって素敵じゃない？　「おいしい生活」じゃない？ってことなんでしょうが、わたしにとっては「知らんがな」です。素敵な言葉は自分で探し見つけるし、自分でメモりたい、手帳は手帳として、粛々と手帳の役割を果たしてほしいと思うだけです。

こういう善意というか、ある種の価値観の押しつけを、押しつけと思わずやってしまえる無邪気さは、糸井重里が１９８０年代に当代きっての人気コピーライターとして活躍していた前身が関係することは間違いありません。広告は、コピーは、価値観を消費者に押しつける仕事だからです。

１９６１年生まれのわたしは、その前身時代における糸井重里の華々しい活躍をリアルタイムで見ています。沢田研二の「ＴＯＫＩＯ」の作詞をしたり、サブカル誌の「ビックリハウス」で「ヘンタイよいこ新聞」を担当したり、「週刊文春」で読者投稿型の「糸井重里の萬流コピー塾」を家元として主宰したり、「不思議、大好き。」や「おいしい生活」といった本職のコピーで脚光を浴びたり、傑作ゲーム『ＭＯＴＨＥＲ』を作ったり、徳川埋蔵金を探したり、テレビ番組のＭＣをしたりｅｔｃ．ｅｔｃ．糸井重里はかつてたしかにスターだったし、輝くマルチタレントだったんです。

あの頃、多くの若者や消費者は、糸井重里が差し出す価値観を喜んで受け入れていました。今もその層が厚いのは『ほぼ日ストア』の成功が示しているのではないでしょうか。でも、時々ほころびが見えたりすることもあります。その例が、忘れもしない２０１７年、「阪神淡路大震災を乗り越え、記念すべき開港150年を迎えた今年の神戸から、東北へ、熊本へ、そして世界中へ（略）復興と再生のメッセージを届ける」との意図で、樹齢150年の木を掘り起こしてクリスマスツリーにし、展示後は伐採して加工したグッズを販売するというプロジェクトの企画に参加した時のことです。

「輝け、いのちの樹」というサブタイトルをつけておきながら、木を殺すのはなぜなのかといった疑義が沸き起こり、糸井重里にも批判が殺到。その時、糸井がTwitterで「冷笑的な人たちは、たのしそうな人や、元気な人、希望を持っている人を見ると、じぶんの低さのところまで引きずり降ろそうとする。じぶんは、そこまでのぼる方法を持ってないからね。」（2017年11月16日）と発信し、火に油を注いでしまったのは記憶に新しいところです。

かつて学生運動を経験し、「ビックリハウス」の反戦特集号では「まず、総理から前線へ。」というコピーを書いた糸井重里が、新型コロナウイルス感染対策で後手後手に回っている政府の批判をする人たちに向け、「わかったことがある。新型コロナウイルスのことばかり聞いているのがつらいのではなかった。ずっと、誰ががが（引用ママ）誰かを責め立てている。これを感じるのがつらいのだ。」「責めるな。じぶんのことをしろ。」（共に2020年4月9日）というツイートを放ったのも、なかなか衝撃的でした。

で、今回のツイートに至るわけです。

「ウーバーイーツ？ って頼んだことないんだけど、配達してくれる人の服装の清潔感とかサンダル履き禁止とか自転車の汚れ方とかについてのルールはないみたいだね。」

（2021年8月31日）

新型コロナウイルス禍による影響で、収入が減ったり失職してしまった人たちが多いとも言われている「Uber Eats」の配達員。「誰のことも責めないで、じぶんのことをしている」人たちといってもいいでしょう。1件あたりおよそ500円〜1000円と言われている配達をたくさんこなそうとすれば、夏場ということもあり、着ているものは汗で濡れましょうし、サンダル履きで少しでも涼を取ろうとするのもやむを得ないですし、毎日自転車を洗う気力が湧かないというのも、ちょっと想像すればわかることです。なのに、糸井重里はどうしてこんな嫌味なツイートをしたんでしょうか。

すでにネット上では「上級国民のつもりなのだろう」「いまだにバブルのころの感覚から抜けられないのだろう」「目線が自分と同じ金持ちにしか向いていない」「いつまでも〈おいしい生活〉のつもりでいる」などなど、さまざまな批判が渦巻いており、そのほとんどにうなずく自分がいます。

世界一のクリスマスツリー企画の時、新型コロナウイルスの混乱時、そして今回のツイートを分析すると、糸井重里が自分たちは素敵なことを考え下々の者にそれを提供する側の人間であり、そんな自分たちの言動に疑義をはさむ低いところにいる者どもは、高いところにいる自分たちを引きずり降ろそうと躍起になっていると潜在意識で思っているのではないかということです。もちろん、自分たちが考える素敵な提案が素敵であることに疑いは持っていませんし、自分たちの価値観を押しつけているとも思っていないのでしょう。

そんな殿上人と化した糸井重里さんにおすすめしたい小説が、韓国を代表する現代作家のひとりチョ・セヒが1978年に発表した連作短篇集（のスタイルを取った長篇小説ともいえる）『こびとが打ち上げた小さなボール』（斎藤真理子訳　河出文庫）です。この小説、言葉の自主規制ははなはだしい日本では翻訳困難な単語がバンバン放たれる内容になっていますが、法政大学在学中に学生運動に身を投じ、5回も逮捕された経験を持つ糸井さんがかつての自分を蘇らせるよすがになるのではないかとオススメする次第なんであります。

が、しかし、内容は過激です。なんせ冒頭の1篇が、〈せむし〉と〈いざり〉が自分たちの家を取り壊しておいて、相場より低い額の保証金しか払わなかった業者の男を襲う話。で、最後に置かれた1篇も、同じコンビが、自分たちを置き去りにした見世物で人寄せする移動薬売りを、殺意をもって追いかける話。この、グロテスクな詩情を湛え、かつシニカルな笑いを呼ぶ寓話のようなふたつの物語と、間に挟まれたリアリズム寄りの10篇の舞台になっているのは、朴正熙《パク・チョンヒ》による軍事独裁政権下、知識人が次々と連行され、資本家によって労働者が搾取される一方だった1970年代の韓国なのです。

スムーズに水も出てこない家に住み、世の中の不公平さに苛立ちを覚えている中産階級の専業主婦シネが、〈こびと〉に水道を修理してもらい、自分もまた彼の仲間なのだということに思い当たる「やいば」。

学生運動に身を投じ、精神を失調させたシネの弟の物語「陸橋の上で」。

特権階級の父親に敷かれたレールに反発を覚える受験生が、自分でものを考え、曇りのない目で社会を見ることを学んでいく「軌道回転」と「機械都市」。

巨大企業グループ一族に属する青年の目を通し、持てる者の残酷さを活写する「トゲウオが僕の網にやってくる」。

当時、北朝鮮よりも貧しかった韓国の、経済成長を第一義にかかげた朴正煕政権による急激な都市開発によって、生を蹂躙されていくスラムの住人たちをはじめ、さまざまな立場にある人物を登場させることで、民衆苦難の時代を立体化させるこの小説の中心にいるのが、スラムの住人代表といえる〈こびと〉一家です。

長男ヨンス、次男ヨンホ、長女ヨンヒそれぞれの視点から、家族のために懸命に働いてきた愛情豊かで辛抱強い〈こびと〉の、報われなかった一生を描く表題作。

資本家から人間として扱われない理不尽な状況下、勉強会を開き、組合を結成したヨンスが、静かに怒りを内に育てていく過程を描いた「ウンガン労働者家族の生計費」と「過ちは神にもある」。

描かれていることのほとんどは、読んでいてギョッとするほど苛烈で過激で過酷です。でも、イメージ喚起力の高い、時に詩的とすらいってもいい文章が、この小説を貫く悲しみに繊細な表情と普遍性を与え、日本人のわたしからも深いレベルにおける共感を引き出す。つまり、韓国文学を超えて世界文学になっている作品なのです。

作中で重要なエピソードとして語られる「こびとが打ち上げた小さなボール」にまつわる出来事。〈小さなボール〉とは一体何を意味するのか。わたしは、〈こびと〉がわが子や祖国に託す未来ではないかと受け取る者ですが、解釈は読者一人ひとりに任されています。糸井さんはどう解釈しますか？　糸井さんにとっての〈小さなボール〉は何ですか？　「トゲウオが僕の網にやってくる」に出てくる金持ちの冷酷お坊ちゃまと、「軌道回転」「機械都市」に出てくる世界の矛盾から目をそらさない受験生のどちらが、自分に近い存在だと思いますか？　この小説の中で描かれている貧困や圧政に押し潰されそうになりながらも、「悪い連中を悪いと責め、同時にじぶんのすべきことから逃げない」人々に、「責めるな。じぶんのことをしろ。」と、都心の高級マンションの一室から言えますか？

この小説が本国でベストセラーになり、ロングセラーとして読まれつづけているのは、今もなお〈小さなボール〉に心を寄り添わせる人たちがいるということの証左です。そんな韓国の読書界を、わたしはリスペクトします。

2021.10.6

文芸記者の発言にもの申す

2021年10月、Yahoo!ニュースに「ユーザーのみなさまへのお願い」と題したお知らせが掲載された。眞子内親王の記事に関するコメント欄に対する運営側のすばやい対応だった。韓国作品を紹介すれば「嫌韓」が湧く状況は放置。一方、朝日新聞文芸担当者の読書会では韓国は「女性作家の作品が多く翻訳されている」というとんでもない指摘があり……。

「10月1日、Yahoo!ニュース コメント投稿数が急増しました。その中には、不適切な内容も散見されたため、記事ページやコメント欄などに注意書きを追加し、ユーザーのみなさまへのご協力をお願いするとともに、パトロールを強化しています」『Yahoo!JAPANニュース』「ユーザーのみなさまへのお願い ――コメントの投稿にあたって――」（2021年1月2日）

眞子内親王の結婚が発表され、実は心労のため複雑性PTSDで苦しんでいたことを明らかにする記事のコメント欄に、読むと目が腐るような酷いコメントが溢れかえったのを受けて、慌てて こんな声明を出した『Yahoo！ ニュース』に「ふーん、皇室絡みだと対応するのね」と呆れた方は多かったのではないでしょうか。遅いってんですよ。ずーーーっと前から、ヤフコメには差別と偏見と嫌がらせの文言がズラズラズラーーーッと並んでたんですから。もうね、これがいい機会。潮時。コメント欄を廃止したほうがいいです。

わたしも先月この連載で韓国現代文学を代表する作家のひとり、チョ・セヒの『こびとが打ち上げた小さなボール』（河出書房新社）を紹介したら、ヤフコメ欄は「なんで韓国の小説なんか紹介するんだ」と嫌韓の輩どもの蒙昧な書き込みが溢れ、苦笑いを浮かべたことではありました。わたしはね、書評家なんですよ。自分が素晴らしいと思った小説なら、どこの国の作品だって、どんな人間が書いたものだって、紹介するんですよ。「なんで」とか訊くんじゃねえよ。『こびとが打ち上げた小さなボール』、読んでみろよ。読んで、偏見にこりかたまった脳みそをほぐしてもらえよ。

さて、韓国文学といえば、『好書好日』ってサイトに掲載された鼎談録「あの本をなぜ紹介できなかったのか　朝日新聞文芸担当記者が語り尽くす 第2回「とっておきすぎ読書会」前編」（2021年9月29日）における発言が、韓国文学出版に携わる方々の心をざわつかせています。

あまたの新刊本の中には、記者の心をつかんだ、とっておきの本があります。でも、

「とっておき」すぎるあまり、長くとっておきすぎてしまうことも――。本を愛してやまない文芸担当記者3人が、諸般の事情で紹介しきれなかった本について語り合いました。参加者は山崎聡（35）、中村真理子（44）、野波健祐（54）です。

（『好書好日』「あの本をなぜ紹介できなかったのか」 朝日新聞文芸担当記者が語り尽くす第2回「とっておきすぎ読書会」前編、2021年9月29日より。以下同じ）

という趣旨のもと展開する鼎談の中で、中村氏がファン・ジョンウン『ディディの傘』（斎藤真理子訳 亜紀書房）を紹介。

すると――。

野波 『82年生まれ、キム・ジヨン』はたしかにいい作品だったかもしれないけど、「『キム・ジヨン』とその周辺の韓国文学たち」になりすぎちゃったよね。

中村 韓国文学イコールフェミニズム小説みたいになっちゃって。売れると同じ傾向のものを翻訳しようと思うからなんでしょうけれど。

野波 その前から韓国の現代文学が面白くなっているぞというのは文学村のなかではみんな言ってて。ゼロ年代からあったような気がするけど。どうなんだろうね、あれが代表選手みたいなことになったことに対して、韓国文学ファンのあいだでは。

中村　最初の入り口としては正しいのでは。「キム・ジヨン」の著者は次にまったくちがう小説を出して、それもちゃんと邦訳が出ましたから。

山崎　韓国文学の邦訳って、女性作家が多いですよね。どうしてなんだろう。

野波　昔は韓国は詩に重きが置かれる国と言われていたけれど、男性は小説なんか書かずに詩を書いているのかしら。どこか散文を下に見ているというか。

中村　2019年に邦訳『モンスーン』（姜信子訳　白水社）が出たピョン・ヘヨンに取材したとき、彼女から、日本で翻訳される韓国文学は30〜40代の女性作家が中心ですけど、それは韓国の現状がそのまま反映されていると聞きました。韓国では数々の文学賞を女性が占めています。

山崎　そもそも本国で多いわけですね。

中村　乱暴な言い方ですが、抑圧から良い文学は生まれると思います。

野波　男性作家が何をしているのかはわからないままだけど、突然このブームが出てきた感はあるよね。

山崎　国が後押しして、文化として輸出しようとしているのは明らかですけど。

中村　日本の文化庁と韓国文学翻訳院のちがいですかね。

野波　それにしても性差があるようにみえる。このあたりを一度、きちんと取材して書きたいですね。記事にできないまま、作品がときおり書評で紹介されてるだけだから。

特に韓国文学にイレ込んでいるわけではなく、海外文学全般を好んで読んでいるわたしからすると、この鼎談自体はいい企画だと思うし、韓国文学が数多く翻訳されるようになった状況を三氏とも基本的には言祝いでいるわけだからそんなに目くじらを立てるような内容ではないと思います。

が、しかし、もしも、男性作家の作品のほうが多く翻訳されていたら「韓国文学の邦訳って、男性作家が多いですよね。どうしてなんだろう」という疑問が出てきたでしょうか。出てくるはずがありません。どうして女性作家の作品のほうが多く出ると、それを問題視する「それにしても性差があるようにみえる」なんて発言が出てきてしまうんでしょう。

韓国が自国の文化を輸出することにお金をかけていて、斎藤真理子さんをはじめとする優れた翻訳家が存在してくれているおかげで、日本でもかの国の素晴らしい現代文学が続々と訳されているわけですが、そうした作品は当然、韓国文学の目利きの精査を経て翻訳出版されているわけです。結果、女性作家が多くなっているのであって、『82年生まれ、キム・ジヨン』が売れた（話題になった）から、フェミニズム文学ブームに乗ったからではないことを、わたしはよく知っています。

新聞の文芸記者なら、日頃からアンテナを張っていればそんなことくらいわかっているはずだし、もし韓国文学に不案内なら調べた上で鼎談に臨むべきで、つまり、この引用箇所において、山崎氏と野波氏は新聞記者としての脇の甘さを露呈してしまっているわけです。

というわけで、今月はこの鼎談を受け、かつ『こびとが打ち上げた小さなボール』の紹介にクソコメをつけてきた嫌韓の輩どもへの嫌がらせの意味も込め、わたしが好きな韓国の男性作家の作品を紹介しようと思います。その名もパク・ミンギュ。

第1回日本翻訳大賞を受賞した短篇集『カステラ』(ヒョン・ジェフン／斎藤真理子訳 クレイン)。いじめられっ子の男子中学生ふたりが、人類の存亡をかけた卓球試合に挑まなくてはならなくなる『ピンポン』(斎藤真理子訳 白水社)。

超弱小野球チームを応援することになってしまった少年の成長と挫折と再生の物語によって、1割2分5厘の勝率でも楽しい人生は送れるということ、人が蔑んだりするものにこそ幸福や歓びや真実がひそんでいるということを伝え、競争社会に打ちのめされた人たちを励ましてくれる『三美スーパースターズ 最後のファンクラブ』(斎藤真理子訳 晶文社)。

これまでに翻訳された作品はどれもオススメなのですが、パク・ミンギュのSF的想像力の豊かさ、社会批評眼の確かさ、ストーリーテラーとしての資質の粋を存分に味わえるのが、昔懐かしいLPレコード盤を模した『短篇集ダブル』サイドAとサイドB(斎藤真理子訳 筑摩書房)の2冊なんです。インターネット配信時代における音楽のごとく、どの作品から読んでも単独で楽しめると同時に、アーティストが1曲目から最後の曲にいたるまでを意図的に構成した、かつてのレコード時代のように頭から順番に読み進めることで、作者の世界観、人間観がより深く鮮明に理解できるという仕掛けを持つ17篇が収められています。

40代独身のまま肝臓ガン末期の宣告を受けた男が、幼なじみらと埋めたタイムカプセルを掘り返し、故郷で旧交を温める「近所」。

がむしゃらに働き、引退後は認知症の妻の介護をしている男が、息子と娘に家を売った金を分けた後、妻を連れて最後の贅沢を楽しむ旅に出る「黄色い河に一そうの舟」。

ロープがほどけて飛んでいってしまった飛行船を追いかける男ふたりの珍道中「グッバイ・ツェッペリン」。

2387年に起きた大地震によって生まれた2万メートル近い海溝に潜るためのプロジェクトを描いた「深」。

家族に出て行かれた男が、彗星激突による人類最後の日をなぜか隣人男性とふたり過ごすことになる「最後までこれかよ?」。

望楼から出ていけないふたりの男による暗黒版〝ゴドーを待ちながら〟になっている「羊を創ったあの方が、君を創ったその方か?」。

冷凍人間が保存されている施設で働く者たちの、解凍の真意がわかる瞬間が衝撃的な「グッドモーニング、ジョン・ウェイン」。

前世でマリリン・モンローだった〈僕〉の奇想天外な半生が物語られる「〈自伝小説〉サッカーも得意です」。

ことは異なる、人類がふたつの階級に分けられた地球に生きる若い男女の決死の冒険を描いた「クローマン、ウン」。

老人ホームにいる75歳の男性が、痴呆症を患う初恋の人をそこに発見し、生きる気力を取り戻す「昼寝」。

人類を平等に憎み、小さな子供まで殺すのを躊躇しないサイコパスに囚われた男の恐怖体験「ルディ」。

中の下家庭に生まれ育った幼なじみ4人組の、入隊直前の1日を描いた「ビーチボーイズ」。

ある日突然、上空に巨大な謎の物体が浮かぶようになった世界を、勝ち組の青年の視点で綴った「アスピリン」。

不況による深刻な営業成績不振に陥った男が、自我を崩壊させていく「ディルドがわが家を守ってくれました」。

運転代行を頼んできた酔いつぶれの女が、かつて自分からすべてを奪った相手だと知るタクシー運転手の話「星」。

漢江の橋で自殺しようとしている青年を説得する巡査長の内面を、コミカルな筆致で追う「アーチ」。

紀元前1万7千年、雪と氷に閉ざされた地で餓死寸前の妻と赤ん坊のために必死で獲物を探す男の話「膝」。

読み始めて抱くイメージがじょじょにくつがえされ、やがて意想外の心境に連れ去られる。どの物語もそんな表情豊かな貌をしている上に、リアリズム、SF、ノワール、寓話とさまざまに異なる意匠をまとっている17篇。一見バラバラな印象を抱く構成になっていながら、しかし、根底に流れているのは、この世界からハミ出てしまった、あるいは排除されてしまった人たち、生きているのが苦しい人たちといった、負け組、弱者とされている人間に対する温かな眼差しであり、励ましであり、共感なのです。

冒頭で簡単に紹介した3作も含め、パク・ミンギュは無類にユニークだったり、破天荒だったりする物語に、わたしたちがよく知っている心の機微を通わせ、ただ面白いだけじゃない、読み手の感情を揺さぶる、一度読んだら忘れられない作品を創り上げる作家なのです。

そもそもの話、小説に対する評価のありようを、それを生み出した人物が「男性作家」か「女性作家」か「LGBTQ作家」かで変えてしまう読み方自体が、今の時代にあってはしっくりきません。自分にとって面白い小説は単に「面白い小説」なのであり、書き手のジェンダーなんてどうでもいい話です。作家論を書きたいならいざ知らず、娯楽として小説を愉しんでいる我々読者にとっては、性差なんて、作者の国籍や人格なんて、どうでもいい話なのです。

2021.11.4

太田光は得がたいトリックスター

２０２１年10月31日に行われた衆議院議員総選挙は戦後３番目に低い投票率の下、発足したばかりの岸田文雄政権が与党単独過半数の議席を獲得、野党連合の成果は振るわなかった一方、日本維新の会の議席が増える結果となった。各局一斉に放送した「選挙特番」では、ＴＢＳのメインキャスターを務めた太田光の言動に対してバッシングが起きたが、時の権力者に切り込み、道化／トリックスターであろうとする太田は得がたい人物である。

10月31日にＴＢＳで放送された衆議院議員総選挙の開票特番『選挙の日２０２１ 太田光と問う！ 私たちのミライ』における爆笑問題・太田光の発言の数々が大炎上。Ｔｗｉｔｔｅｒを眺めわたせば、ただ怒っているだけではなく、「テレビ出禁にしてほしい」といった伝家の宝刀「キャンセルカルチャー」的脅し文句まで持ち出して義憤を露わにしておられる方を多々発見できる次第です。

しかしですね、この人を起用したらこうなることはわかっていたわけで、当然、局側はそれを承知で出演依頼したんでありましょうよ。実際、事前に放送された『ｎｅｗｓ 23』における出演者3名による鼎談企画でも、『ゴゴスマ』（共にTBS）のキャスター・石井亮次は「痛いところにこそ切り込んでほしい」と念押ししていたわけで、番組の総意として太田光には政治家相手でも忖度しない歯に衣着せないツッコミを期待していたはずです。

たしかに、落選した甘利明元幹事長に「ご愁傷さま」と発したのはあまりといえばあまりだし、持論を展開し過ぎて各議員との持ち時間が足りなくなり、せっかくの質問タイムが相手の回答時に強制終了してしまうなど、MCとしての役割をちゃんと果たしていたかといえば、そこは不十分でありましょう。

でも、「成長なくして分配なし」を掲げる岸田総理大臣に対し、「（日本における）成長って何なんですか」「成長できるんですか」と訊いたのはグッジョブです。まさに、わたしもそれが知りたい。最初「分配なくして成長なし」と言っていたのを、手のひらを返して「成長なくして分配なし」に変えてしまった総理に、わたしだって「分配してもらうために、われわれはどう成長すればいいのか、どこに成長の目があるのか、政府はどうやって成長を促そうとしているのか」を訊ねてみたいですよ。

高市早苗政調会長に学校法人森友学園をめぐる公文書改ざんについて見解を質したのも実にまっとうというべきで、Twitterでググってみると高市シンパが「高市さんに失礼だ」「あんな怒った顔をした高市さんを初めて見た」と憤慨しておられますが、政治家を怒らせちゃいけないんですか？　わたしは政治家を怒らせるような追及をしてこそだと思いますけどねー。後々取材ができなくなるのを恐れて、ご機嫌うかがいみたいなアプローチしかできない政治ジャーナリストより、太田光の態度のほうがよほどジャーナリスティックだと思いますし、維新にごまをすりまくってる一部の吉本芸人よりよほど信頼できるじゃないですか。

そもそも芸人は、道化／トリックスター的な役割も担っていたはずなんです。時の権力者を、罰せられないギリギリの線の芸で茶化してみせる。ごまをすっているかのような態度の裏に「あっかんべー」を仕込んでみせる。そんな綱渡りのような芸／笑いをもって、庶民を愉しませるのが道化／トリックスターの真骨頂です。

いまどきの芸人のほとんどはそんな危ない役割を放棄しています。さっきも記したように、一部の吉本芸人は維新とべったりで、維新を推す在阪テレビ局の馴れ合い番組のレギュラーを取ろうと必死のパッチ。そんな中にあって、立川談志を愛する太田光は道化／トリックスターとしての芸人の道を貫いている。力不足の局面は多々見られるし、わたし自身「うるさいなあ」とか「耳ざわりだなあ」とか「落ち着け」とか感じることもしばしばです。でも、この道化／トリックスターであろうとするアイデンティティの持ちようをもって、わたしは太田光を得がたい人物と思っています。

というわけで、今回はトリックスターを主人公にした小説を紹介します。ブラジル本国では1928年に刊行されたマリオ・ヂ・アンドラーヂの『マクナイーマ　つかみどころのない英雄』（福嶋伸洋訳　松籟社）です。

マクナイーマはブラジル人の特性を体現するといわれる、アマゾンのジャングルで生まれた英雄。かの国では有名な神話的キャラクターであるらしいんですが、恥ずかしながら、トヨザキは知りませんでした。で、ネットで調べてみたら、1969年にジョアキン・ペドロ・デ・アンドラーヂ監督によって映画化されていて、日本でも、2010年の暮れにシアター・イメージフォーラムで上映されたとのこと。いやー、観たかったなあ。というのも、英雄マクナイーマが経験する冒険はCGのない時代にとても映像化できるとは思えないほど奇天烈きわまりないからなんです。

この小説を読んでまず驚かされるのは、マクナイーマがまるで英雄らしくないということ。むしろ、登場しては場をひっかき回すトリックスター的な存在です。6歳になるまでは「あぁ！めんどくさ！……」という言葉しか発せず、ある日、なぜか（ある種の神話や寓話と同じく、この物語のなかで起きる不可思議な出来事の因果はほとんど説明されません）美しい王子さまに変身するや早速女の子といちゃいちゃしだし、兄のジゲーが結婚すれば、その都度必ず嫁を寝取るという仁義なき女好きへと成長していくんです。

そのマクナイーマがアマゾンの森の女神と愛し合うようになり、彼女が天に召される際に形見として遺してくれた、ワニ形のお守りムイラキンを奪った巨人ピアイマンをこらしめるために、長兄のマアナペ、次兄のジゲーをともなってサンパウロに旅立ち、紆余曲折の末、再びジャングルに帰ってくるまでを描いたのが、この物語の屋台骨。

ニワトリアルマジロやらネズミイルカやら、おしりの穴から入ってこようとする吸血ナマズやら、たくさんのへんてこりんな生きものや怪物や精霊たちが跋扈するジャングルから、都会の連中が「キカイ」と呼んであがめる文明の利器あふれるサンパウロへ。その旅路で、マクナイーマはたくさんの冒険を経験するんですが、対処のしかたのいちいちがまったくもって英雄らしくなんです。強くもなければ、高潔でもなければ、リーダシップも発揮できなければ、知恵もなければ、モラルもない。やることなすことグダグダで、むしろダメ男。すぐだまされる単細胞でもあり、ある男から「タマタマを割って食べてるんだ」と言われると信じこんで、四角い石で睾丸を割って悶絶死するようなバカなんです。で、そんなアホらしい死に方を何度かするんですが、そのたびにまじない師の兄マアナペが生き返らせてくれるというように、たいていの場合、他力本願。お守りをうばった巨人のことも本当は怖くてしかたないもんだから、マクンバという儀式で呼び出された悪魔のエシューに頼んでやっつけてもらおうとする弱虫であり、浮気を責められれば「だってとっても悲しかったんだもん!」と、言い訳にもならない泣きごとを繰り返して許してもらおうとする甘ったれでもあります。

そんな情けない英雄のコミカルな言動が、エイモス・チュツオーラの傑作『やし酒飲み』(土屋哲訳　岩波文庫)を彷彿させる神話的というか原始的というかマジックリアリズム的というか、かなり騒々しい語り口で描かれていくんです。普通の小説のような文体ではないので、最初は読みにくいと思うかもしれませんが、いったんこの予定不調和で自由奔放な語りに乗ってしまえば愉快愉快愉快。ラテンアメリカ文学が好きな方なら絶対読まなきゃいけません。

　こんな英雄とはとても思えないトリックスターを愛し、語り継いでいるブラジル人なら、開票特番における太田光の失態を見ても大笑いですませ、太田光の政治家への忖度なき追及に大喜びするのかもしれないなー。汲々と真面目な日本人より、マクナイーマみたいなトリックスターを自分たちの化身と思えるラフなブラジル人にシンパシーを感じるトヨザキなのではありました。

2021.12.6

ヘイトを繰り返す〈心に生えている犬歯〉の根深さに絶望

２０２１年11月30日、ジャーナリストの伊藤詩織さんに対する中傷ツイート投稿、リツイートに対する訴訟に、東京地裁は賠償金の支払いの命を下した。しかしその賠償金の額は啞然とする少なさだった。差別感情をあらわにする者たちが、現代のネット上に跋扈する。繰り返されるヘイトを止める手立てはあるのか。

１９０５年8月16日、10回目の誕生日を迎えたアルベール・コーエン少年は、夏休み補習授業を受けた帰り道、万能染み抜き剤を売らんと声を上げている香具師に魅了されます。

〈おお、彼はなんと上手にしゃべるのだろう、私は彼にすっかり夢中になってしまった。生まれ故郷のギリシアの島から五歳でここフランスにやって来て、まだろくすっぽフランス語を話せなかった小さな異邦人の耳に、フランス語というすばらしい言葉はどんなに快く響いたことだろう〉

アルベール少年は誕生日プレゼントでもらった3フランの半分を使って、スティック状の染み抜き剤を買おうとします。ところが――。

〈おい、お前、ユダ公だろうが、え?〉

〈お前は汚いユダ公だろう、なあ、そうだろう、え? お前の面見りゃ、こちとらにはわかるんだよ、お前豚は食わないよな、え? 豚は共食いはしないからな(後略)〉

香具師の男は、世間に流布されている酷いユダヤ人イメージを立て板に水の勢いで並べたてた挙げ句、

〈お前どっかに行っちまえよ、もうたくさんなんだよお前なんか、お前は自分の国に住んでるんじゃないぞ、ここはお前の国じゃねえんだよ、ここは俺たちの国だ、このフランスにゃお前にやってもらうこたあ、一つもないのさ、さっさとうせろ、外へ出てちょっとエルサレムへでも行ってこいや〉

と言い放ち、周囲の大人たちは香具師の言葉に笑って賛同するばかりで、たった10歳の少年をかばってくれる人はひとりもいなかったんです。

これは、第二次世界大戦時には各国亡命政府とナチスから逃れたユダヤ人との協力関係樹立に重要な役割を果たした、スイス国籍の作家アルベール・コーエン（1895〜1981年）の自伝エッセイ『おお、あなた方人間、兄弟たちよ』（紋田廣子訳　国書刊行会）からの抜粋です。

今ではこの香具師の男のように面と向かってヘイトの言説を放つ不届き者は減っているかもしれませんが、ネット上には〈心に生えている犬歯〉をむき出しにする輩が跋扈しているのはご承知のとおり。しかも、罵詈雑言や揶揄や憎悪の対象になっているのは人種だけではありません。

11月30日、Twitterの投稿で名誉を傷つけられたとして、ジャーナリストの伊藤詩織さんが漫画家のはすみとしこ氏ら3人を相手取り、慰謝料など計770万円の支払いと投稿削除、謝罪広告を求めた訴訟の判決が東京地裁で下されました。小田正二裁判長は、はすみ氏に88万円の支払いを命じ、はすみ氏の当該ツイートをリツイートした他2人に対しては、それぞれ11万円の支払いを命じたわけですが、わたしの感想は正直「たったそれっぽっち？」。

訴状などによると、はすみ氏は2017年6月から19年12月にわたり、元TBS記者の山口敬之氏との間で性被害があったとする伊藤さんの申告について、それがあたかも虚偽であるかのような悪意あるイラストなど5件を投稿。伊藤さんは、これにより社会的評価を著しく低下させられたなどと主張し、また、男性2人によるリツイートについては、「ツイートに賛同の意思を示す表現行為で、責任を負うべきだ」と訴えていたわけです。

当該ツイートで一番よく知られているのが、「山口」と名札をつけたTシャツを着たロングヘアの女性が、かつて伊藤さんが山口と交わしたＬＩＮＥに似せた文面を表示したスマホを手にしたイラストに、「米国じゃキャバ嬢だけど／私ジャーナリストになりたいの！／試しに大物記者と寝てみたわ／だけどあれから音沙汰なし／私にタダ乗りして／これってレイプでしょ？／枕営業大失敗!!」という文章をつけたもの。

はすみ氏本人はこのイラストに「山口（ヤマロ）沙織〜オシリちゃんシリーズ（計5作品）」の風刺画はフィクションであり、実際の人物や団体とは関係がありません。故に今回の地裁判決により作品を削除する意向は、当方にはございません。」（２０１９年12月19日）というツイートをつけて投稿していますが、笑止千万ですね。「風刺」というのは対象が存在して行われるものであり、にもかかわらず自分のイラストを「風刺画」と位置づけながら「実際の人物や団体とは関係がありません」とは、これいかに。こういうのを往生際が悪いというんです。

表現の自由の侵害を危惧する人たちの一部は「風刺画なのだから、この判決は不当」とするようですが、「風刺」というのはそもそも強大な力を有する者（個人、組織、社会）に対して行われるべきであり、伊藤さんのように社会的地位の高い男性からのレイプ被害を訴え、そのことで誹謗中傷の嵐という二次被害をこうむり、ＰＴＳＤによるフラッシュバックや鬱症状を経験した女性を対象にすれば、それは「風刺」ではなく単なる「いじめ」です。悪質なヘイト（攻撃表現）です。先に紹介したはすみ氏のイラストをググって見てみてください。下品と悪意の塊（これを見て、大喜びして笑ったのが国会議員の杉田水脈だということも忘れてはなりません）。大事なことなので二度言いますが、これは風刺なんかじゃない、ヘイトです。

というわけで、伊藤さんが起こした、はすみとしこ氏とその同調者に対する名誉毀損の訴えが勝訴となったのは、ネット上にはびこる悪意による誹謗中傷やヘイト行為を許さない社会に向けての大事な一歩になったとは思いますが、賠償金の低さは気になるところです。こんな金額じゃ抑止力として機能しないのではないか。わたしはそれぞれ10倍に相当する賠償金を支払わせればよかったと考える者です。

さて、香具師から酷い言葉を投げつけられた10歳のアルベール少年はどうなったか。彼は町を彷徨し、駅の有料便所に閉じこもって泣くことになります。自分や両親は香具師が言うとおり〈汚い民族で、どいつもこいつもろくでなしで、ひどく性質《たち》が悪い〉のだろうか、生まれてきてはいけなかったのだろうか。〈あの人垣を作っていた大勢の人たちは僕が追っ払われるのを見て、なぜ笑ったんだろう？　あの人たちは僕が愛していた優しいフランス人だったのに〉〈だとすると、あの人たちは意地悪じゃないから、意地悪の僕を嫌ったんだ。僕はまさしく立派な意地悪なんだ、僕は生まれながらにして意地悪な宗教を奉じているんだ〉と、自分のことを自責のほうへと追いつめていくんです。

〈この私はたくさん愛し、愛されるのが好きだったのに、生き行く先、一生涯誰も私を愛してくれないだろうし、だから私が誰かを愛することはできないのだと今の今覚ったのだ。皆から嫌われ眩暈を覚え、首の血管はぴくぴく動き、喉では突然の衝撃が嗚咽を遮る、私はその有罪判決をじっと見つめ、恐怖から唇を舐めた。いつもユダヤ人だ、いつもユダヤ人だ、決して愛されないんだ、決して愛されないんだ〉と絶望するんです。

70の短い断章で成立しているこの本の中で、少年は自問自答と自責を繰り返します。そして、幼き日の自分を回想することで、77歳のコーエンはこんな境地に達するのです。

〈真の赦しをもって赦すとは、侮辱する者は死すべく定められている私の兄弟だと知ることだ〉

〈真の赦しをもって赦すとは、侮辱は止むに止まれぬものだったと理解することだ、そして、彼を理解することだ。哀れみと哀れみから生まれる思いやりにより、私は突然もう一人に、彼自身になったのだから、私は彼のことがわかるのだ、気の毒な侮辱をする者のことがわかるのだ〉

〈もしこの本が憎む人、死すべく定められている私の兄弟である憎む人をたった一人でもいい、変えられるなら、この本を書くことは無駄ではないだろう〉という意図から自伝エッセイを綴ったアルベール・コーエンを、わたしは深く尊敬します。コーエンが説く〈真の赦し〉の境地にも、至れるものなら至ってみたい、でも……。

ヘイトを繰り返す〈彼らの心に生えている犬歯〉の根は深く、被害者の「いずれ必ず死ぬという意味では彼らも私の兄弟なのだ」という広い視野ゆえの赦しによって抜けるもんじゃないという諦めから抜け出すのはとても難しい。伊藤詩織さんや彼女の支援者がはすみとしこ氏を「兄弟」とみなして赦しても、はすみ氏やその仲間たちは詩織さんへのヘイトを止めなかっただろうし、謝罪もしなかったとしか、今のわたしには思えない。

アルベール・コーエンの『おお、あなた方人間、兄弟たちよ』は、でも、だからこそ、ヘイトする人される人、われわれ人類の永遠の課題図書といえるんです。

III 2022

2022.1.8

箱根駅伝・青学チームにも負けない《2021年最強文芸ベストテン》

「第98回 東京箱根間往復大学駅伝」に見立てた「極私的文芸2021年ベストテン作品」の発表。青山学院大学チーム圧勝の感動を思い起こしながら、日本、ブラジル、台湾、ポルトガル、ロシアなど各国からの精鋭たちの、今こそ手にすべき書籍を紹介する。

昨年はバカ強かった福岡ソフトバンクホークスのスタメンになぞらえて2020年の極私的文芸ベストテンを発表しましたが、今年見立ててみたいのはなんたって「第98回 東京箱根間往復大学駅伝」で、2位の順天堂大学と10分51秒の差をつけ21世紀最大差の圧勝劇を飾った青山学院大学のチームでありましょう。

「個の糸紡いで、織り成せ！ 深緑の襷《たすき》」を合い言葉に2年ぶり6度目の総合優勝を果たした青学はエントリーメンバー全員が1万メートル28分台のタイムを持つ、原晋監督曰く「史上最強軍団」。しかーし、トヨザキが選ぶ極私的2021年ベストテン作品も負けてはおりません。第1走者から最終走者まで個性的な面々を揃えたつもりですので、読書生活の参考にしてくださったらうれしいです。

■1区・日高トモキチ『レオノーラの卵』でスタート

スタートを切るのは日高トモキチの『レオノーラの卵』（光文社）。青学の第1走者・志貴勇斗選手は2年生にして今回が初めての駅伝だったわけですが、漫画家にして著述家にして身近な生き物研究家の日高さんにとってもまた、『レオノーラの卵』は初めての小説集なんです。

〈レオノーラの生んだ卵が男か女か賭けないか、と言い出したのは工場長の甥だった〉という蠱惑的な一文から滑り出すのが表題作です。集められたのはチェロ弾き、時計屋の首、やまね（本当の齧歯類のヤマネ）の3名。しかし、この賭け事の因縁は25年前、レオノーラの母が生んだ卵の物語にさかのぼることが、語り部〈僕〉の回想で明らかになっていき――。という不思議な物語を皮切りに、以降、奇想天外に加速がかかる全7篇が収録されているんです。個人的にとりわけ好きなのが以下の3篇。

かつて巨ハマグリ漁によって栄えたものの、今は見る影もないひなびた港湾都市モリタートで稼働している、無人の巨大作業船〈砂の船〉の謎に迫る「旅人と砂の船が寄る波止場」。

もう長い間動いていない〈アヌビスの環〉と呼ばれる黒い観覧車。その神官を名乗る女性のもとに届けられる記憶の断片たち。観覧車はなぜ動かなくなったのか、再び動くには何が必要なのかという謎に、『千夜一夜物語』とドビュッシーの楽曲『2つのアラベスク』を援用して迫る「回転の作用機序」。

大切な人やものをゴンドラで流す町を舞台にふたりの少女が伸びやかに活躍するシスターフッドものにして、ポスト・アポカリプスものでもある「ドナテルロ後夜祭」。

理系文系双方の博識と本歌取りの技巧によって生み出された世界は未知であるにもかかわらず、どこか郷愁を誘う空気をかもします。魅力的な謎を核にした7つのリドル・ストーリーが楽しめる小説集なのです。

■花の2区は直木賞受賞作、佐藤究『テスカトリポカ』

各校のエース級が走ることで知られる花の2区を任せたいのは、第165回直木賞を受賞した佐藤究の『テスカトリポカ』（KADOKAWA）です。

2013年に勃発した、メキシコ北東部における二大麻薬カルテルの抗争。血で血を洗う凄まじい殺し合いの果てに、2015年、4兄弟のうちひとり生き残った三男のバルミロは国外へ脱出。ジャカルタで屋台のオーナーになり、裏では安い麻薬を客に売りさばき、虎視眈々と復活と復讐の時を狙う日々を送っていました。そこに客として訪れるようになったのが末永充嗣。元々は優秀な心臓血管外科医だったのですが、コカイン常習による運転ミスで少年を轢き殺し、逮捕から逃れるためにジャカルタへ。臓器売買のコーディネーターにまで身を落としていたんです。

そのふたりが手を組んで、非道なビッグビジネスを計画。バルミロは故郷で失った〈家族〉を再構築するため人材をスカウトし、スペイン語の呼び名を与え、忠実な部下に育てあげていきます。その最後の切り札ともいうべき存在が2メートルを超える巨漢の青年コシモだったのです。

祖母からアステカの神々の物語を刷り込まれ、敵対者や裏切り者の心臓を生きたまま取り出しては究極の神テスカトリポカに捧げる儀式を行うバルミロの物語。暴力団幹部の父親とメキシコ人の母親の間に生まれ、ネグレクトを受け、13歳で両親を殺して少年院に入所したコシモの物語。両者の運命を合流させる過程で、その他の登場人物の〈家族〉にならざるを得なかった半生も丁寧に描き、陰惨なシーンが頻出する物語全体にアステカ神話を響かせることで昏い聖性と文学性をまとわせる。

神に心臓を捧げる古代アステカの人身供犠と暗黒の臓器売買を呼応させることであぶり出される、金儲けのためなら何を犠牲にしてもかまわないという資本主義のダークサイドと暴力が生み出す闇と空虚。社会批評をも内在させた素晴らしいクライムノベルです。まさに、2021年の文芸界における花の2区(直木賞)を任せて間違いなしの力作にちがいありません。

■第3走者には逸材・井戸川射子『ここはとても速い川』

青学の第3走者は1年生ながら一躍チームを1位に押し上げた太田蒼生選手。彼に相当する文芸界の逸材が井戸川射子です。井戸川さんは2019年に第一詩集『する、されるユートピア』

で詩壇の芥川賞とも呼ばれる第24回中原中也賞を受賞。その後、文芸誌で小説も発表するようになって、昨年『ここはとても速い川』（講談社）で第43回野間文芸新人賞を受賞しています。

ひとつの家に定住せず、漫画喫茶や格安で泊まれるゲストハウスを渡り歩いて生活しているアドレスホッパーの女性を主人公にした小説第一作にあたる「膨張」と、児童養護施設に暮らす小学5年生の少年・集の日々を描いた表題作が収録されているんですが、とりわけ素晴らしいのが後者。

作中では理由がはっきりと描かれてはいませんが、もともと母子家庭だったのを母親にまで出ていかれてしまい、連絡が取れるたったひとりの肉親である祖母は入院していて退院のめどはついていません。そういう事情で、集は児童養護施設に入っているんです。ひとつ年下の親友・ひじりや学校での仲のいい友だち、養護施設の先生や実習生との会話と交流を、主人公少年の視点で描いているのですが、その目や気持ちを通した情景や内面は、お涙ちょうだいや恨み辛み嫉みとは無縁な淡々と穏やかな声で描かれていきます。でも、その淡々と穏やかな声だからこそ、読み手は語り手の少年の心中を代弁したくなって、彼の代わりに悲しみを募らせていくことになるんです。

素晴らしい語りの才能を持った人だと思います。個人的には今村夏子の『こちらあみ子』を読んだ時と同じくらいの衝撃を受けました。昨年の芥川賞を『推し、燃ゆ』で受賞した宇佐見りんさんといい、見事な〝声〟の持ち主が次々と現れる日本の文芸界の未来は、青学同様明るいっ！

■安定感の第4走者に、呉明益『雨の島』

その青学の第4走者が主将の飯田貴之選手。飯田さんは1年生から4年生までずっと駅伝に出場してきた安定感と力量満点の選手です。それに見合うのは、台湾の現代文学を代表する作家のひとり、呉明益の『雨の島』(及川茜訳　河出書房新社)でありましょう。

『眠りの航路』『複眼人』『歩道橋の魔術師』『自転車泥棒』といった作品の中で見せてきた、失われてしまったものへの記憶と郷愁と検証、環境問題に対する深い理解と批判精神、過去と現在と未来を見晴るかす広い視野。『雨の島』はこれまでの呉作品の総決算といっていい短篇集になっているのです。

今、短篇と書きましたが、作者が「後記」でも記しているように、収録されている6篇は単独でも愉しめますが、長篇小説としても読める仕掛けがふたつ施されています。ひとつは、各篇の登場人物がゆるやかにつながっていくこと。もうひとつが架空のコンピュータウイルス〈クラウドの裂け目〉の存在です。これは、感染したクラウドドライブのパスワードを解読し、ファイルの奥まで侵入してドライブの所有者の人間関係を解析することで、所有者に近しい誰かにドライブの〈鍵〉を送りつけるというウイルス。『雨の島』の登場人物らは今はもう会うことがかなわない大切な誰かの〈鍵〉を受け取り、彼/彼女の記憶を継承するかどうか悩んだり、思いきった行動に出たりする。その個人的な感情の揺れと、圧倒的な存在感をもって登場人物らを迎えたり拒んだりする自然の描写が重なって、6篇すべてが親密な空気をまとうネイチャーライティングとフィクションの混合体になっているんです。

個人的にとりわけ好きな1篇は、妻が無差別殺人事件の犠牲となって以来世捨て人のような生活を送っていた夫が、〈クラウドの裂け目〉によって妻の書きかけの小説を読んだことから、絶滅したとされているウンピョウを追い求める旅にいざなわれる「雲は高度二千メートルに」ですが、どの作品も自然描写が素晴らしいんです。各篇の誰が他の作品の誰とつながっているのかがわかった瞬間に広がり深まる読み心地がうれしいんです。速さを競う駅伝とはちがって、ゆっくり、ゆっくり読み進めていってほしい6篇なのです。

■往路の山場、5区をまかせたい新人・川本直『ジュリアン・バトラーの真実の生涯』

往路の文字通り山場となるのが、ご存じ、最高地点874メートルの芦ノ湯を目指して長い長い坂道を駆け上がる第5区。ここを任されたのが1年生の若林宏樹選手です。強い向かい風が吹く中、区間3位の走りで1位のまま往路のゴールを切る大健闘を見せたこの新人に相当するのが、初めての小説『ジュリアン・バトラーの真実の生涯』(河出文庫)を発表し、話題を呼んだ川本直です。

マッカーシズムによって同性愛が迫害されていた１９５０年代、ビート・ジェネレーションが席巻し、カウンターカルチャー華やかなりし60年代、ピンチョンらのポストモダン小説が一世を風靡した70年代。１９２５年に生を受け、米文学界がもっとも騒々しかった時代を、美しい女装とスキャンダラスな同性愛小説をもって颯爽と駆け抜けたのがジュリアン・バトラーだったんです。

名門男子寄宿学校で出会って以来、ジュリアンのパートナーとして生きてきた評論家のアンソニー・アンダーソン（本名ジョージ・ジョン）が、89歳にして書いた回想録を川本直が翻訳し、精妙な解説にあたる「あとがき」と膨大な参考文献名をつけたという〝スタイル〟の物語……そう、これは偽書の形をとったフィクションなんです。

自己顕示欲が強くて、派手なことが大好きなジュリアンの魅力。実在の有名人が綺羅星のごとく登場する物語の巻を措く能わずのおもしろさ。ジュリアンやジョージが書いた作品を小説内小説として紹介するメタフィクションとしての見事さ。書くとはどういうことなのか、作者とはいかなる存在を指すのかといった文学的な問いを投げかける仕掛け。同性愛文学としての正統性。読みどころをこれでもかとばかりに備えた、超ド級の傑作なんです。

憧れと失望、成功と挫折、愛と依存、光と闇に彩られたふたりの足跡に感情を揺さぶられながら読み進めていくうちに見えてくる、稀代のヒップスターの隠された真実とは――。作者の巧みな語り／騙りゆえに、５１２ページの山も若林選手のように一気に駆け上がれるはず。ジュリアンの数奇な生涯を堪能してください。

■復路の一番手、第6走者は曲者・クラリッセ・リスペクトル『星の時』

いよいよ復路。その一番手となる第6走者には、曲者を用意いたしました。1977年に亡くなっているブラジルの作家クラリッセ・リスペクトルの『星の時』（福嶋伸洋訳　河出書房新社）です。この小説の構造、実にこみ入っているんです。

まず登場するのがロドリーゴ・S・Mという名を持つ小説家の〈ぼく〉。彼によって語られるのは、ブラジル北東部に生まれ、2歳で両親と死別し、引き取ってくれた叔母から叩かれながら育ち、リオデジャネイロに移り住むも、叔母はすぐに死んでしまい、天涯孤独の身でスラム街に残された19歳のマカベーアです。

満足な教育を受けていない彼女の悲惨なエピソードの数々が、しょっちゅう物語に口出ししてくるロドリーゴの逡巡する語り口によって記されていくのですが、その特異な構造が示すのは小説がいかに生成されるのか、物語の享受者である読者が登場人物に対していかに残酷になれるのかということだったりするんです。実際、読んでいる最中、わたしは不幸を不幸と自覚できないほど、底辺の人生に慣れきっているマカベーアのエピソードに接し、幾度も声に出して笑ってしまいました。でも最後、ロドリーゴが彼女に与える運命を知った瞬間、無責任に笑っていた自分を恥じたんです。

小説を読むという行為が自己批評を生む。こんな読後感は、読書人生で初めてかもしれません。50年近く前の作品なのに斬新きわまりなし。トリッキーな小説が好きな方に熱烈推薦します。

■区間1位の第7走者は、アンドルス・キヴィラフクの『蛇の言葉を話した男』

区間1位の素晴らしい走りを見せた第7走者・岸本大紀選手に相当するのは、エストニアの現代作家アンドルス・キヴィラフクの『蛇の言葉を話した男』(関口涼子訳　河出書房新社)。語り手は、レーメットという名の〈ぼく〉です。森の民として育ち、他の生き物と意志を疎通することができる〈蛇の言葉〉を使いこなす〈ぼく〉の数奇にして波瀾万丈の半生を描くことで、人類が進歩という御旗のもとに捨て去り、「野蛮」「未開」「未熟」と侮ってきた、あらゆる「かつて」に思いを至らせる物語になっているんです。

〈ぼく〉の親友になる蛇のインツ。同じ年の少年パルテル。幼なじみの少女ヒーエ。古代からの生活様式を守り、シラミを愛し、シカほどの大きさのシラミを育てることに成功する猿人コンビ。年に一度、高い木に登り、月光のもと木の枝で自分を鞭打つ儀式に恍惚となる森の女たち。インツたちが住まう蛇の洞窟での冬眠。匂いが鼻をつき、光景がありありと浮かんでくる森で起きる驚異の出来事に、21世紀人である読者は圧倒されたり、笑ったり、うなずいたり、首をかしげたりしながら立ち会うことになります。

そんな森の民に対置されるのは、よその国の文明を受け入れ礼賛する村の人々。異なる価値観の相克が、〈ぼく〉を見舞う数々の試練や冒険を描く中、立ち上がってくる。人類が歩んできた、過去の文化や知恵を葬り去り、新しいものばかり希求してきた歴史が、無類におもしろいストーリーの中にしっくり溶け込み、どちらかを断罪するのではなく、読者自身に考えさせるようなスタイルで提示されているのが素晴らしいんです。宮崎駿の『もののけ姫』が好きな方ならハマるんじゃないかなあ。

■第8走者は、少し重めにゴンサロ・M・タヴァレス『エルサレム』

第8区には少し重めの小説を用意してみました。ポルトガル現代文学を代表する作家、ゴンサロ・M・タヴァレスの『エルサレム』(木下眞穂訳　河出書房新社)。これは〈五月二十九日の朝四時〉前後に起きた出来事を、6人の登場人物の目と内面を通して多角的に描いていくという構成の小説です。

眠れないミリアは腹部の痛みを抱えながら、教会に行くために家を出る。性欲を満たそうと外に出たミリアのかつての夫テオドールは、娼婦のハンナに目をつける。ハンナに養ってもらっている帰還兵のヒンネルクは、妄想に突き動かされるように銃を隠し持って家を出る。教会に入れず、痛みで失神寸前のミリアから電話を受けたエルンストは不自由な足に鞭打って、大急ぎで彼女を助けに行く。父テオドールの不在を不審に思った12歳のカースは、真夜中にひとりぼっちにされた怒りを胸に父を探しに外に出る。

作者は、運命の〈五月二十九日の朝四時〉に合流する6人の過去と現在を、感情を交えない淡々とした筆致で報告していきます。なぜ、〈五月二十九日の朝四時〉に〝あんなこと〟が起きてしまったのかを、俯瞰という広い視野で描いていくんです。

そうすることで、わたしたちの身に降りかかる悪事や悲劇には必ず理由があること、因果があること、発端となる行為があることを臨場感をもって伝える。未来を握るのが、今のわたしたちの生き方であることに気づかせる。説教じみた語り口を一切とることなく、読者にレゾンデートル（存在理由）ともいうべき、生きている上での責任を、駅伝のたすきのように手渡してくれるんです。

■第9走者の勇姿に重ねたい、小田雅久仁『残月記』

区間2位の好記録でたすきを渡してくれた2年生の佐藤一世選手の気持ちに応え、区間新記録を打ち立て金栗四三杯を受賞する好走を見せてくれたのが、第9走者の中村唯翔選手。その雄姿に重ね合わせてみたいのが、寡作ではあるものの、発表作にハズレなしの作家・小田雅久仁の9

年ぶりとなる新作『残月記』（双葉社）。月にまつわる異聞奇譚が3篇収録されています。

月が反転し、見えるはずのない裏側の貌を現した時、見知らぬ男に家族も人生も乗っ取られた男が触れてしまう世界の秘密を描いて戦慄的な「そして月がふりかえる」。亡くなった叔母が持っていた、表面が月の風景のように見える珍しい石によって、異世界に連れ去られてしまう女性が経験する驚異の旅を描いた幻想小説「月景石」。

なかでも素晴らしいのが表題作の「残月記」です。舞台となるのは全体主義独裁国家となった日本。満月期に肉体と精神が昂揚する〈月昂〉という感染症が夜をおびやかしていた世界で、その病に冒されたひとりの男がたどった数奇にして苛烈な生涯とは——。SFとファンタジー双方の読みごたえを備えた物語の中に病気小説、格闘技小説、恋愛小説、芸術家小説の要素を投入。壮大なスケールの中篇小説に仕上がっているんです。

この3篇を読んだ後では、もうこれまでのように漫然と月を見上げることはできません。もしも月の裏側が見えてしまったらという畏れが、月見を躊躇させる。そんな、世界の見方をひっくり返すインパクト大の小説集なのです。

■最終ランナーは沼野充義&恭子『ヌマヌマ　はまったら抜けだせない現代ロシア小説傑作選』

ついに最終ランナー。そういえば、原監督は運営管理車のなかから再三再四、選手たちに「スマイル！」「スマイル！」と呼びかけていて、選手たちも前の走者から笑顔でたすきを受け取っていたのが印象的でした。というわけで、トヨザキが選んだ最後の走者は、ロシア文学界最良の水先案内人にして研究者である沼野充義＆恭子夫妻が編んだアンソロジー『ヌマヌマ　はまったら抜けだせない現代ロシア小説傑作選』（沼野充義、沼野恭子訳　河出書房新社）です。なぜか、それは最後まで読んでいただければわかります。

ロシアの大都市を混乱の渦に巻き込んだコンピュータ・ウイルスをめぐる数奇な復讐譚を、スピード感のあるコミカルな筆致で駆け抜けるペレーヴィンの「聖夜のサイバーパンク、あるいは「クリスマスの夜－117.DIR」」。

時速700キロの列車が何を象徴するのか考えずにはいられなくなるスラヴニコワの「超特急「ロシアの弾丸」」。

ニューヨークに亡命してきたロシア人主人公のダメ男っぷりを描き、発表当時〈ロシア文学史上もっとも汚い言葉で書かれた小説〉と騒がれたリモーノフの「ロザンナ」。

伝説の作家が語る奇想天外なファムファタール譚が、鏡の乱反射がもたらす目眩のような効果を生むビートフの「トロヤの空の眺め」。

などなど多様な読み心地をもたらす個性的な12篇が収録されているのですが、わたしがとりわけ気に入ったのはサドゥールの「空のかなたの坊や」とエロフェーエフの「馬鹿と暮らして」なんです。

英雄ガガーリンの母を自認する老女が、啓示によって〈地球の心臓部〉を目指す過程を描いてクレイジーな前者。刑罰によって馬鹿と暮らさなくてはならなくなった主人公が、馬鹿の収容所から「えい！」としか言わない男レーニンを連れ帰り、やがて主従が逆転したばかりか愛し合うようになってしまう展開が、呆然とするほど滅茶苦茶な後者。

やー、笑った。2021年で一番笑った。いずれも、読んでしまったら死ぬまで決して忘れられない、今回の青学の総合優勝くらいのインパクトを備えていて、「スマイル！」と呼びかけられずとも、自ずとケタケタ笑ってしまうケッタイな小説なんです。ちょっと日本では同じようなタイプが見当たらない。現代ロシア文学をもっと深掘りしたくなる、まさに「はまったら抜けだせない」世界なんです。

というわけで、長い長い10区間を伴走してくださった読者の皆さん、ありがとうございます。この中の一作でも、皆さんにとっての読みたくなる本になったらうれしいです。2022年も、たくさんのおもしろい小説と出合えますように！

2022.2.6

私なりの追悼・石原慎太郎

2022年、石原慎太郎氏の訃報が届いた。東京都知事や運輸大臣などを歴任した政治家で保守派の論客であり、『太陽の季節』で芥川賞を受賞した作家でもある。膨大な作品群からベスト3作品を紹介し、作家としての功績を検証する。

2022年2月1日、石原慎太郎氏が亡くなりました。享年89歳。

メディアでは追悼の意味が強いからか、慎太郎がなした功罪の「功」を中心にした報道ばかりが目につきますが、SNSではかなり事情を異にしていました。もともと毀誉褒貶ははなはだしい人物ではあったのですが、Twitterにおけるわたしのタイムライン上には容赦ないまでに「毀」と「貶」が並んでいたんです。

わたし自身、大森望さんと続けてきた『文学賞メッタ斬り！』シリーズ（大森望、豊崎由美著　ちくま文庫など）では、長らく選考委員を務めた氏の選評での悪文を「てにをはヌーヴォーロマン」と揶揄し、その狭量な小説観をバカにし、東京都知事時代には傍若無人な差別発言や社会的弱者に寄り添わない政治家としての姿勢を激しく糾弾してきたものです。が、しかし、石原慎太郎は小説家でもあったんです。

２０１３年9月、栗原裕一郎さんとの共著『石原慎太郎を読んでみた』を原書房から刊行しました（現在は入門篇が中公文庫で、完全収録版はＫｉｎｄｌｅで読むことができます）。これは、２０１２年までに刊行された慎太郎の代表作をほぼ全部読んで、いいものはいい、ダメなものはダメと、忖度なく2人で評価していった対談集です。栗原さんからこの企画を持ちかけられた時、正直、とてもイヤでした。石原慎太郎を蛇蝎のごとく嫌っていたわたしは、氏の小説を全部読んだりしたら脳みそが腐ると思ったからです。ところが——。栗原さんの熱意に押されて読み始めたところ、いくつもの傑作に出会うことができたんです。

この対談本の刊行後、「トヨザキさんの本だから応援したいけど、石原慎太郎関連の本が家の中にあるのがどうしてもイヤだから買いません、読みません」という声を多々いただきました。気持ちはわかります。慎太郎作品をたくさん読む前のわたしも同じことを思ったでしょう。でもね、いいものはいいんです。その人物がいかに気に食わなくても、作品の評価は別。「いいもの」には「いい！」と声をあげるのが、書評家の仕事なのです。

というわけで、政治家・石原慎太郎の生前の功罪については政治評論家や週刊誌が今後もいやってほど振り返るんでしょうから、わたしは小説家・石原慎太郎の個人的ベスト3作品を紹介しようと思います。で、興味を持ってくださった方がいらしたら、是非、巻末に氏を招いての鼎談も収録されている『石原慎太郎を読んでみた　ノーカット版』（栗原裕一郎、豊崎由美著、Ｋｉｎｄｌｅ。

原書房版には鼎談は収録されていません）をご一読ください。そこには「ダメなものはダメ！」作品への厳しい批評もちゃんと入っていますので。

■1 初期短篇から『待ち伏せ』

慎太郎は1966年の11月から「週刊読売」の取材でベトナム戦争に従軍したんですが、『待ち伏せ』（『季刊藝術』1967年4月号初出／『石原慎太郎　開高健集（現代日本の文学48）』学習研究社所収）はその時の体験をもとに書かれた作品です。〝待ち伏せ〟をしてベトコンを討伐するというアメリカ軍の作戦に従軍記者として加わった主人公が、掘った穴の中でカメラマンと2人息を殺して敵が現れるのを待つ。夕暮れから夜明けまで一晩中、ただただじっとうつ伏せになっていなければならないという状況を描いています。

〈空に星はなかった。仰いだ頭上も、胸元も、脇も、眼の前、鼻の先も、闇だった〉という真闇の中、たまらず自分の横にいるカメラマンに手を伸ばす。ようやく指先が相手に触れると、カメラマンのほうも不安だったのかその指をぎゅっと握り返してくるんです。

〈彼の手が俺の手を捉え直す。それをどう握っていいのかわからぬように、二人の手は互いに躊躇しながらさぐり合い、相手を握りしめる。〉

「ＢＬかよっ！」とツッコミたくなる描写はまだ続きます。手を離した後、今度は互いの背中に指で文字を書きあって、「コワイ」とか「ナガイヨル」とか会話をする場面もいとかわゆしなのです。でも、それだけの小説じゃありません。漆黒の闇の中、いつ敵が現れるかわからない恐怖に怯え、カメラマンと触れ合うこの行為を〈俺がやってきた別の世界は、ようやく少しゆるんで大きくなった〉と記す文章表現力が見事。その何も起こらないことで生じる持続的な緊張感が、ようやく現れたベトコンをアメリカ兵が撃ちまくるシーンではじけ、身体感覚に直接訴えかけてくる動的な描写に一転する場面はヘミングウェイばりです。

〈次の瞬間、フィルムのコマが飛んだように、老人の姿は突然視界から跳ね飛んで消えた。なぜかその時、俺は何かを叫びながら、声を立てて笑っていた。笑いながら、俺は胸もとの土をすくって前に向って投げつけた。

応えるように誰かが笑い出すのを俺は聞いた。隣りの黒人のウィンストンだった。軽機関銃の引き金を引きつづけながら、地鳴りして響く銃声の中で、彼も何か叫びながら大声で笑っていた。〉

誰がなんと言おうが、この一篇が書けた35歳の石原慎太郎を、わたしは好ましい小説家と思う次第です。

■2 もっとも人気と評価が高い『嫌悪の狙撃者』

１９６５年7月に実際に起きた「少年ライフル魔事件」をベースにした作品。当時18歳だった少年が、ライフルで警官を撃ち殺して拳銃と制服を奪い、警察官を装って民間人に運転させて逃走、さらに3台の車を乗り継いで逃亡を続け、最終的に渋谷の銃砲店に立てこもり警官や野次馬に乱射したという事件です。それをトルーマン・カポーティが１９６６年に刊行した『冷血』のようなノンフィクション・ノベルとして描いたのがこの『嫌悪の狙撃者』(『石原慎太郎の文学 第五巻』文藝春秋 所収)。

ストーリーは時系列に沿って進んでいくわけではなく、ある時間帯の出来事を抽出して描き、それらを各章にばらして配置するというこみ入った構成になっています。大きくみると、事件当日の経緯をリアルタイムの視点で描写している章、事件の背景となる犯人の生い立ちを語る章、精神鑑定書などの裁判資料や証言を引いて事件を客観的に見せる章、慎太郎自身が事件について語る章に分かれています。

犯人が野次馬に発砲したシーンを〈私〉はこんな風に述懐しています。

〈射たれて運ばれていった男は、全く愚かで滑稽で、醜かった。周りの誰も、男の連れさえも、男を射った犯人を咎めてはいなかった。私たちがその時憎んでいたのは、むしろ、犯人に射たれたあの酔っぱらいだった。酔った男は、尻を射ぬかれ路上に這いつくばるにふさわしく、おぞましくうとましいものでしかなかった。そして犯人は、遠くからそれを見事に射ち倒した。

私は一瞬、犯人に重なった自分を感じていた。いやそうではない。私の内に在る犯人を、というべきだったかも知れない。

あの小さな店の中にたてこもった犯人が、今、銃弾を託してぶちまけ、溢れさせている彼の憎しみなり嫌悪に、もの蔭に立ちすくみながら私はいわれもなく共鳴し共感していた。醜悪な犠牲者を銃弾で屠るという彼の行為を、私は私自身の内に感じることが出来た。

それは今眼にしている出来事への興奮、というより一種生理的な共感だった。この異常な天候の下で（トヨザキ註・ものすごく暑い日だったようです）、私はようやくそれにふさわしい人間の行為を、啓示のように教えられた気分だった。〉

このライフル少年に覚える深遠な共感を、社会的弱者にも覚えることができていたならこの人は……と思わずにはいられない名文ですが、『嫌悪の狙撃者』はミステリーやサスペンス、ノンフィクション、純文学の妙味を備えている石原慎太郎の代表作中の代表作。自信を持っておすすめできる逸品です。

■3 ロブ＝グリエばりの謎小説『院内』

慎太郎の分身とおぼしき国会議員の〈私〉が、議場の扉を開けて入ってきたメッセンジャーガールに強烈な印象を抱いて妄想に駆られ、その少女の後を追い国会議事堂の中をさまようという、シュルレアリスティックでもありヌーヴォーロマン的でもある短篇小説になっているのが、『院内』（『戦後短編小説再発見（17）組織と個人』講談社所収）です。

議場で問題になっているのは公害問題。そのことで小説世界には終末感がただよい、実際〈私〉が世界の終焉を夢想する場面が挿入されたりもしています。

〈しかし外界では金属の切片が降っている。透明な雪のように超微塵な金属の粉が降りしきっている。一瞬一瞬超微塵にしかし確かな堆積で、ささくれ爛れ変質していく数億枚の粘膜、数兆億の細胞、ひずみ押しやられ変質していく人間たちの行為と思考。世界はその正常さそのものを変貌させようとしている。〉

その終末のイメージは〈私たちが今まで閉じこもっていたこのカプセルもまた消滅し、私たちはこの宇宙のどこかに在るという星の墓場に吸い込まれ損なった存在として、非存在に存在するのではないか。一足ちがいで、終局にすら居合わすことができずに〉という諦念に結びついていくのです。

そんな夢想に耽り、議員らの机上の空論のやりとりに飽いていた〈私〉が、突然現れたメッセンジャーの少女に誘われるように議場を後にして以降、国会議事堂のホールの様子や装飾、階段や廊下など、建物内部の詳細な描写と、それによって喚起されるイメージが延々と描かれていくことになります。

〈人気のない回廊の手すりに沿って、メビウスの輪をたどるようにどれほど歩いたことだろう。巡る度、陥没の中の陥没、隔絶の中の更に隔絶だけが深まっていった。私は最早、どこに向かっても近づいていず、ただ何ものからも遠ざかりつつあった。〉

このあたりはロブ＝グリエ脚本のアラン・レネ監督作品『去年マリエンバードで』を彷彿する、と言ったら褒めすぎになるでしょうか。

石原慎太郎作品には、身体感覚をもとにしたシンプルな短文の叩き込みからなる文章表現には見るべきものがあっても、比喩や修飾や象徴を多用すると陳腐に陥りがちという傾向があると思うのですが、ことこの作品に関してはその例にあらず。『太陽の季節』（新潮文庫）くらいしか知らない人は「石原慎太郎ってこんな小説も書けるんだ」と感嘆まちがいなしの傑作なのです。が、残念というか不愉快な点もあります。氏の社会的弱者に共感を寄せられない冷酷な面を露わにしてしまっているのが、〈私〉が出演したテレビ番組で〈昨今さまざまな情報媒体で膾炙した水俣病の胎生児〉が、手押車に乗せられて登場したことを想起した場面です。

〈ある人は、神の微笑と呼んだこの有名な奇形児の歪んだ笑いを、入れ違いに私は間近で覗いて見た。だがそれを笑顔と呼ぶには、彼女の眼には視線が全くありはしなかった。あのキャンペインは正しかろう。狂って歪んだ人間を乗せ、猫を乗せ、この街中に手押車が氾濫し、さらに、押し手の無い車が溢れるのかもしれない〉

1974年とはいえ、小説家によるフィクションだとはいえ、政治家でもある人物のこんな文章が文芸誌に掲載されたとは……。この後、1976年に石原慎太郎は胎児性水俣病患者の方に土下座をするという事態を引き起こしますが、その伏線ともいうべき悪しき表現といえましょう。にもかかわらず、「石原慎太郎作品の中でもっとも凄いと思う小説は何か」と問われたら、わたしは迷うことなくこの『院内』を挙げる者なのです。

ここ十数年に発表された作品には見るべきものはありません。むしろ、書けば書いただけ、作家としての価値を下げるようなものがほとんどです。でも、慎太郎は書き続けた。『石原慎太郎を読んでみた』の刊行後、氏に呼ばれて栗原さんと中森明夫さんと3人で出向いた先で、わたしはこんな質問を投げかけました。

「石原さんは政治家ですか？　小説家ですか？」

すると、それまでは好々爺然と機嫌良く歓談に応じていた氏が初めて、「小説家だよ。小説家に決まってるだろっ」と気色ばんだのです。

報道によると、脳卒中で利き手が動かせなくなればワープロを学び、膵臓癌で寝たきりになっても日に1、2時間はキーを叩いて執筆していたそうです。石原慎太郎は小説家・石原慎太郎として死にたかったのでしょう。

心からご冥福をお祈り申し上げます。

2022.3.6

『鎌倉殿の13人』にハマっていた方にオススメしたい。古川版『平家物語』

「祇園精舎の鐘の声、諸行無常の響きあり……」。2021年、琵琶法師により語り継がれたこの大古典が、テレビアニメ化されるとSNSに絶賛の嵐が吹き荒れた。翌2022年1月からは、奇しくも源氏側から描いたNHK大河ドラマ『鎌倉殿の13人』が放送され、ますます源平熱が高まった。アニメの原作となったのは、古川日出男訳『平家物語』。「語りの魔術師」は『平家物語』をどう翻訳したのか。

〈祇園精舎の鐘の声、諸行無常の響きあり、沙羅双樹の花の色、盛者必衰の理《ことわり》をあらはす。おごれる者久しからず、ただ春の夜の夢のごとし。猛き人もつひには滅びぬ、ひとへに風の前の塵に同じ。〉

ご存じ、『平家物語』冒頭のあまりにも有名な一節です。古典の授業で暗唱させられた方は多いのではないでしょうか。トヨザキもそのひとりであります。が、しかし、治承・寿永の内乱、いわゆる源平合戦を題材にして鎌倉時代前期に成立したとされる、このメガサイズの軍記物語をこれまで読み通したことはありませんでした。が、が、しかし、平家を滅ぼす側の物語であるNHK大河ドラマの『鎌倉殿の13人』と、山田尚子監督のアニメ作品『平家物語』が同時期に放映されており、しかもアニメ作品が拠っている原作が敬愛する小説家・古川日出男訳の『平家物語』(『池澤夏樹=個人編集 日本文学全集』河出書房新社)であるときたら、読まないわけにはいきません。というか、今を逃したら一生読まないで終わってしまう。それほどの好機ととらえ、トヨザキ、他の読みたい新刊をいったん脇に置き、873ページもの大著に挑んだ次第なのであります。

その感想はといえば、

総じて、おもしろい!

『平家物語』ってひとりの作者が作り上げたものじゃなくて、古川訳に解題を寄せている中世文学研究家の佐伯真一氏によれば「源平合戦に関わるさまざまな資料を、雑誌を編集するように継ぎ合わせる形で作られただろう」もので、平家滅亡から成立までに数十年かかっていることから考えても、その間にたくさんの声で語られた思い出話や逸話が織り込まれているゆえに「よく読むと、細部にはさまざまな食い違いや視点の相違がある」とのこと。

言ってみれば『平家物語』は源平合戦エンサイクロペディアなのであり、とんでもない数の登場人物の行状や行く末が語り起こされているので、エピソードによっては読み手のわたしの心に刺さらない、もしくは読んでいて興が乗らないこともあるわけです。なので、正直、退屈な箇所もございました。でも、

総じて、おもしろい！

「琵琶法師によって、全国の、字が読めない人をも含む、圧倒的多数の人々に伝えられた」（前出の佐伯氏）この物語を、訳者の古川日出男は現代人であるわたしたちに〝語りかける〟という文体を採用することで、目の前にはいない琵琶法師の姿をも立ち上げている。それゆえに、自分にとっては退屈であるパートの響きも、その後に待ち受けているオーケストラ級の出来事へと導くイントロダクションとして重要だったのだと後から了解され、

総じて、おもしろい！

という感想を生むのであります。

とんでもない数の人物が登場するこのメガノベルは、キャラ小説としての楽しみもふんだんで、わたしの推しはなんたって、全12巻のうちの前半部を暴君として「やらかし」放題しまくる平清盛です。こいつ、こんなに非道いヤツだったのって驚愕必至。『平家物語』の中でも悪役トップスターとして堂々屹立するキャラなんであります。例を挙げてみますと、

〈十四歳から十五、六歳の少年を三百人揃える、これらの髪を短く切って揃えて童形のあの禿《かぶろ》というのにする、（略）この少年どもを京の市じゅうに満ちみちさせて、往来させたのです。偶然にも平家を悪しざまに言う者がおりますと、（略）その批判者の家に揃って乱入する、家財道具を没収する、当人を縛りあげる、六波羅（清盛の屋敷がある平家の政権

中心地）に引っ立てる〉

いんけーん（陰険）。おーぼー（横暴）。スモールアスホール（尻の穴が小さい）。

女性に対してもやりたい放題です。こいつは京の都で評判の高い白拍子の名手・祇王という女性をかこっておったのですね。そんなある日、清盛の別邸に、新進気鋭にして野心家の白拍子・仏御前がアポなしで売り込みにやってきました。図々しいと怒って門前払いしようとした清盛を、「歌を聴いてあげましょうよ」と取りなしたのが祇王。そしたら、清盛ってば速攻で仏御前に心を移して、祇王とその妹の祇女を別邸から追い出してしまうんです。それればかりか、傷心の祇王に「その後どうしてる？　仏御前が元気ないから、お前、ちょっとこっちきて歌って舞って慰めろや」（トヨザキ意訳）と命令。あれこれあって、祇王は21歳の若さで尼になってしまいます。

ところが、皆さん、なんと日本の中世にもシスターフッドの物語は存在しておりました。祇王と祇女、ふたりの母がむすんだ粗末な庵に、ある日、尼僧姿になった仏御前がやってくるんです。清盛に取りついでくれた恩人を自分のせいで不幸にしてしまった、申し訳ないと泣く仏御前。4人は以後、生活を共にし、清盛がわが世の春を謳歌する穢らしい世界を厭い、御仏の住む清い浄土を願って念仏を唱える日々を過ごしたとのこと。

大欲非道が招く疑心暗鬼の塊・清盛は皆さんご存じのとおり、自分の悪政が招いた謀反の首謀者・関係者の首を斬ったり、流刑に処したり、後白河法皇をも畏れない独裁者として都に君臨したわけですが、その死に様は恐怖政治の権化にふさわしいばかりでありました。体が尋常ではない熱に苛まれ、〈ただ「あた(熱)、あた(痛)」と言われるばかり〉。

〈たとえば比叡山から千手井の水を汲み下ろして、石造りの浴槽になみなみと満たし、それに入ってお体をお冷やしになるのですが、水はぐらぐらと沸きたって、ああ、間もなく湯になってしまう。もしや、これならば少々楽になられるかと懸樋で水を注ぎかけるようにしましても、これがまた焼き切った石や鉄に注いでしまっているのとおんなじ、水が飛び散って寄りつきません。たまたまお体に当たった水は炎となって燃えましたので、黒煙が御殿じゅうに満ちあふれまして、炎は渦を巻いて上がります。〉

こういう事実を大袈裟に〝盛る〟ウルトラ語りが楽しいのも古典を読む愉しみのひとつだったりするんですが、悪役トップスターにこのような凄絶なラストシーンを用意した『平家物語』編纂者の皆さんには「グッジョブ!」と親指を立ててあげたい気持ちでいっぱいです。

こうして平清盛が亡くなり、いよいよ源氏の皆さんが本格的に登場して、七の巻以降は軍記物語らしい合戦の数々が展開されていくのですが、ここで、古川日出男訳のトーンが変わることには触れておかないわけにはいきますまい。

〈悶絶死をなされました。清盛公は。〉

ここで数行あけて、古川さんは

〈死んだ、清盛は。〉

と、語り口を「です・ます」から「だ・である」調に変じるのです。あたかも、この新訳の語り手自身が、独裁と密告社会と恐怖政治のくびきから放たれたかのように。

さて、平清盛という強烈なキャラクターでひっぱってきた前半部から、源氏の面々も参入してくる後半部に移っての、わたしのイチオシは木曾義仲です。源頼朝・義経の従兄弟にあたるこの男は2歳のころから信濃の国安曇郡の木曾という山里で養育され、頼朝挙兵を知るや、破竹の勢いで京の都へ攻め入っていく源平合戦の重要人物なわけですが、とにかく野蛮。〈木曾は、都風の洗練を知らない。／知らないし、すばらしい野人なのだ。〉と記されているとおりの下品な振る舞いを『平家物語』の中では数々暴露されているのですが、わたしが一等好きなのが猫間中納言こと藤原光隆卿が相談があって義仲のもとを訪れるエピソードです。

家来によって中納言の来訪を告げられれば、〈「猫かよ。おい、猫か。猫が人間にお目にかかって、何を申すって。お目めだぜ、お目め」〉と茶化す。

飯どきだからと中納言に食事を勧めるのですが、出されたのは大きな田舎風の蓋付き椀で、雅なお育ちの〈猫間殿はその椀がどうにも薄気味悪いし、汚ならしいと思えるので召し上がらない〉。それでも〈「なあ猫殿よい、その椀は」「義仲の精進用の食器なのだ。特別な器なのだぞ。さあ、それをお使いになって、どうぞどうぞ、遠慮はしないで早う」〉と勧められるので箸をとるだけとって、食べる真似だけしてみせる中納言。

すると義仲は、〈「ほう、猫殿は小食であられるな。世に言われる猫おろしをなさったかい。そうかい。どうぞ掻っこまれよって」〉と、なおもしつこく勧めるのですが、〈猫おろしとは、猫が食べ物を残すこと。ここまで猫、猫々、猫々々々々々また猫々と譬えられて、中納言はすっかり興が醒め、（略）そのまま急いで帰っていかれた。〉のでした。

〈猫、猫々、猫々々々々々また猫々〉って。読みながら大笑いしたトヨザキなんではありました。

義仲は、後白河法皇からの使者としてやってきた、「鼓判官」こと壱岐の判官知康のことも〈「俺はどうしても訊きたいんだが、あなたを鼓判官というのは、なにゆえなのだ。たとえばだ、みんなから打たれでもなさったのか、あるいは張られでもなさったのか。どうなんだい」〉とからかって、これに唖然とした知康は法皇に〈「義仲というのは馬鹿です。ただの馬鹿者でございました。あれは今にも朝敵となるでしょう。ただちに追討あそばされるのがよろしいかと」〉と進言。ここから義仲一族は死の途を行くことになるんです。

鎧を着て矢を背負い弓を持って馬にまたがる姿こそ颯爽としているものの、官位を与えられた者としての正装は板につかず、〈野人〉として都の人々の失笑をかうことばかりしでかした木曾義仲に、しかし、『平家物語』から聞こえてくる〝声〟は好意的であるように、わたしは感じました。源氏サイドでは義経についでエピソードが多いのがその証左ではないでしょうか。

いよいよ追いつめられて死に至る様を迫真の描写で描いた「木曾最期――お終いの二騎」(九の巻)においては、信濃での出陣以来苦楽を共にしてきた家来・今井四郎兼平とのくだりで腐女子の皆さん胸キュン必至のBL模様が展開されるわ、パートナーとしてよく知られる巴御前に対する立派な振る舞いに胸打たれるわで、読めば義仲を好きにならずにいられないのが、この『平家物語』なのです。

平家の人々はもちろん、源氏サイドの合戦に加わった人々の生き様死に様を事細かに記し遺した『平家物語』は、山田尚子監督作品を楽しんでいる皆さんは、アニメではしょられてるエピソードを全部満喫できるから平家に対する哀惜の念がより強まりましょうし、NHKの『鎌倉殿の13人』を視聴している方にとっては敵方の人間ドラマに深く触れられる分、見方が一層深まるしで、いいことずくめ。読めば、お気に入りのキャラクターがきっと見つかるはず。だから、やっぱり

総じて、おもしろい!

873ページなのです。

2022.4.6

忘却にあらがう小説家・古川日出男

2022年2月24日、ロシアはウクライナへの本格的な軍事侵攻を開始した。病院、学校、住居など民間人に死傷者を出す攻撃をリアルタイムで見ることになり、私たちは衝撃を受けた。今こそ重要な事実を「忘れない作家」、古川日出男『曼陀羅華X』のメッセージを知る必要がある。

音楽にイントロは必要じゃない。主人公は早く出せ。物語は即刻動かせ。目の前にあることに飛びつけ。すぐに反応しろ。前を向け。動け。振り返るな。

そんな闇雲に急かされる時代に生きているのだなあと最近強く思うんです。や、自分はそういう風潮にあらがっていると言いたいわけじゃありません。わたしだって同じ穴のムジナです。

ロシアに侵攻されているウクライナの映像に見入っている時に覚えるうしろめたさ。最近あった大きめの地震の際、倒れそうな大型テレビを押さえながら襲われるうしろめたさ。わたしはクリミア半島のことを、ミャンマーのことを忘れていた。阪神・淡路大震災のことを、東日本大震災のことを忘れていた。

過去にあったすべてのことを忘れないで今を生きるなんてほとんど不可能だから、仕方ないといえば仕方ないんですけど、忘れていた自分をうしろめたく思う気持ちくらいは持っていたい。だから、今回の原稿も当初は時宜にかなったウクライナ出身の作家の小説を紹介しようとも思ってたんですが、やめました。忘れない作家の忘却にあらがう小説を取り上げることにします。古川日出男の『曼陀羅華X』(新潮社)。

2020年の7月23日から8月10日まで、福島第一原発がある浜通りと出身地の郡山がある中通り、原発事故の影響が及んだ宮城県南部まで360kmを歩き、被災地の人々の声と思いに耳と心を傾け、日本の過去と未来についての思索を深めたルポルタージュ『ゼロエフ』(講談社)を2021年に上梓した古川日出男は、これまでの作品を読んでいただければわかるのですが、過去に起きた出来事に拘泥し続ける小説家なんです。なので、『曼陀羅華X』を紹介する前に、その一例として「本の雑誌」に寄稿した『南無ロックンロール二十一部経』(河出書房新社)の書評を転載します。

(すでにこの小説を読んでいる方や、『曼陀羅華X』のことだけ知りたい方は飛ばしていただいてけっこうです)。

古川日出男の1000枚の大作『南無ロックンロール二十一部経』は、震災と人災がともに起きた1995年を、やはり震災と人災がともに起きた2011年3月11日以降の世界で語り直した、スケールにおいても内容においても方法論においても、メガトン級の〝世界文学〟なのである。構成自体は「第一の書」から「第七の書」までの中に、それぞれ「コーマW」「浄土前夜」「二十世紀」と題した3つの物語を内包して、シンプルでわかりやすい。でも、そのスッキリした構造のもと、それぞれに異なる語りの中で展開する物語は混沌としているのだ。

小説家の〈私〉が、昏睡状態にある女性を見舞って〈ロックンロールの物語〉を話し続ける「コーマW」。前世は『ロックンロール七部作』を書いた小説家だった〈僕〉が、白ホグレンの鶏→アムール虎→狐→馬頭人身→少女→七十七歳の老人へと転生していく「浄土前夜」。六つの大陸とひとつの亜大陸、日本に蔓延していくロックンロールの物語を、小さな太陽と呼ばれた人物、食べる秘史列車、武闘派の皇子と呼ばれた人物、ディンゴと呼ばれた人物、その名が幾度もアップデートされていく一セントと呼ばれた男たち、牛の女と呼ばれた人物、「日出男」のパラフレーズであるところの昇る太陽と呼ばれた人物らの時空を超えて自在に飛躍するエピソードで描き、旧作『ロックンロール七部作』(2005年集英社)を想起させる「二十世紀」。

昏睡している女性はなにゆえそんな状態にあり、彼女と〈私〉はどんな関係にあるのか。

転生する者の目を通して描かれた、牛頭馬頭らが跋扈し、九歳の少女が武装した難民たちを率いて獄卒どもと闘い、七十七歳の太った塾長が青年たちを戦闘要員として訓練している、折れた東京タワーを戴く首都は何が原因で地獄と化してしまったのか。転生する者の前に幾度となく現れる、時空と善悪の彼岸を超えた存在ブックマンとは何者なのか。タイトルに記された「南無」と「ロックンロール」はいかにして結びつくのか。「コーマW」の〈私〉が紡ぐロックンロールの物語は、どのようにして六つの大陸とひとつの亜大陸と日本をつなげ、二十世紀を横断していくのか。

いくつもの謎を投げかける、破格に、豊穣に、過激に、混沌としている、それぞれ独立して読んでも無類に面白い物語のなかから、徐々に「コーマW」「浄土前夜」「二十世紀」の函に分けられた語りのつながりが浮かび上がってくる。第七の書とそれを引き継ぐエピローグを読み終えて、震撼しない者がいるだろうか。古川日出男は、稼働の限界を超えるあまり真っ赤に燃え上がるに至った想像力を、読者に突きつける。苛烈な想像力が生みだした混沌の渦のなかに読者を巻きこみ、三・一一後の世界に生きるわたしたちを一九九五年へと引き戻し、「二十世紀は本当に終わったのか」という問いを突きつける。凄まじいカタストロフィを経験した世界で、物語になにができるのかを身を挺して示すことの剣呑な小説を経ないで、果たして三・一一について考えることは可能だろうか。

そして、また。『ロックンロール七部作』をパラフレーズ、流転させたのが、『南無ロックンロール二十一分経』であるということも重要。すなわち、古川日出男は物語も輪廻転生することを、このメガノベルで実証してみせたのだ。その意味でも、文学史にとってメルクマールというべき貴重な作品なのである。

（「本の雑誌」2013年7月号）

『曼陀羅華X』は、この『南無ロックンロール二十一部経』では寓意的に扱われていたオウム真理教による無差別テロという忌むべき〝物語〟に真っ直ぐに立ち向かう小説になっているんです。最初に登場するのは、1942年生まれの初老の小説家〈私〉です。〈私〉には聾者である幼い息子・啓と、年に3、4回ふたりのもとを訪ねてくるガールフレンド（戸籍上の妻ではあるけれど、啓の産みの母ではない）がいます。はじめのうちは息子との手話を通した愛情深い生活が描かれていくのですが、〈遅かれ早かれ彼らは現れる〉という不吉なフレーズをきっかけに、〈私〉の記憶は1995年3月30日へとさかのぼっていきます。

警察庁長官が何者かに狙撃されたその日、〈私〉は3月20日に地下鉄サリン事件を起こした教団内の武闘派メンバーによって拉致され、予言書を書くことを強要されるんです。

〈運命の年の五月に教祖〝逮捕〟があって翌る年の一月に教祖〝救出〟がある。それでは解放された教祖はといえば宗教戦争に入られる。そのように予言は断じた。それどころか教祖は世々永遠となられるとも記述した。具体的にはこうだ。「初代も二代めも三代めも同じお方、教祖は永代にして、人類の歴史の比い無し」と。（後略）〉

２００4年のオリンピックののち、東京を制圧するまでを記した〈私〉の予言書を、教団はなぞっていくことになります。その重要なミッションのひとつが二代めの誕生。重責を担ったのが19歳の若き信者〈わたし〉で、以降、物語は小説家〈私〉を語り手にした「大文字のX」と、二代めを産んだがゆえに「御母様」として教団内で大きな権力を有することになる〈わたし〉を語り手にした「大文字のY」、ふたつのチャプターから２００4年に起こる国家対宗教団体対作家というクライマックスまでが描かれていくことになるんです。

１９９6年に、産まれたばかりの二代めを拉して教団を脱出し、啓と名づけて護り続けてきた〈私〉。予言書をめぐる極秘のプロジェクトに関わった者すべてが死んでしまったゆえに、我が子を連れ去った者の正体も行方もわからないまま、しかし、二代めの降臨を諦めない〈わたし〉。

多くの預言者の言葉を引用したヨハネ黙示録のように、かつての自作をリミックスしたラジオ小説『６６６ＦＭ』と、幼き日にカルト教団の集団自殺を生き延び、６６６ＦＭのディスクジョッキーとなったＤＪＸを主人公にした『らっぱの人』、このふたつの小説によって、かつて自分が記した予言書に対抗しようとする〈私〉。予言を実現させるために着々と準備を進め、予言書を記した〈私〉にシンパシーに近い感情を抱くようになる〈わたし〉。

このふたりの視点を通した、２０１８年の7月に教祖が死刑に処され教団も弱体化したオウム真理教にまつわる現実に起きている〝物語〟の語り直しのすべてが、サスペンスフルでスリリングで、不謹慎で危険なんです。〈私が「こうではないか。こう展開したのではないか?」と想像する現実というのも、この世界にはある。〉と作中人物に語らせる古川日出男は、なぜこの小説を書いたのか。読みながら、読んだ後、考えない読者はおりますまい。拙い私見ではありますが、わたしは古川さんは「オウム真理教にまつわる〝物語〟はまだ終わってないし、終わることもない」と考えているからではないかと思うんです。

〈劫濁は天災その他。見濁は間違った思想のはびこり。煩悩濁はもちろん煩悩のはびこり。衆生濁は人間に資質の低下。そして命濁。そのような人間の寿命は短い。／この五濁が現代社会にないとは言えまい。あるとしか言えまい。それしかないとしか言えまい。／つまり濁った。徹底的に濁った。日本国は。／だから代わりに宗教国家の樹立が求められる。否とは言えまい〉と確信している〈わたし〉。

〈素人のテロリストが増えた。／結局、何かが時代の鬱屈と嚙みあった。わけても二〇〇〇年代に入ってからの閉塞感と。／暴力は渇望されていた。／私はこうした東京を予想していた。というよりも、私は、既視感をおぼえてもいた。やはり、こう——こちらに——進むのだ、と〉と憂える〈私〉。

過去ときちんと向き合いもせず、新しい問題ばかりに目を向けていては、また同じことが起きるだけではないのか。新たなオウム真理教的なものに、また大勢の人間が帰依し、自分を預けてしまうのではないのか。この危険な問題作からは幾度かこんな言葉が目に飛び込んできます。

〈お前の運命をデザインしろ。〉

これこそが、『曼陀羅華X』がわたしたち読者に伝えたいメッセージなのではないでしょうか。この小説は最後まで読んでも終わりません。むしろ、終わりのページから始まるといってもいいかもしれません。ここからの物語を自分の想像力でデザインするのが、『曼陀羅華X』を読んだ者に課せられた使命と、わたしは受け取りました。

そして——。

〈もしもステレオタイプではない文学をするならば、ここまで来い。〉

この挑戦に応えたいと願うのが、古川日出男の小説の愛読者にちがいないのです。

2022.5.6

プーチンのようなモンスター理解に文学の力を借りよ

ロシアによるウクライナ侵攻のニュースが今日も流れる。独裁者プーチンをロシアの人たちはどう感じているのだろうか。「ロシアに生きる人々の姿をよく伝えるのは文学の言葉」。独裁者を知る国、現代ロシア文学の必読作品とは。

現代ロシア文学を代表する小説家のひとり、ウラジーミル・ソローキンに『親衛隊士の日』（松下隆志訳　河出書房新社）というディストピア小説があります。

物語の舞台となるのは、ロシア史上最悪の暴君として知られるイワン雷帝（1530～84年）時代が蘇ったのではないかと思われるほどの専制政治が復活した2028年のロシア。万里の長城よろしく国の周りに大壁を築き、海外に門戸を閉ざし、人々はロシア製の商品しか買うことができず、ロシア正教会への深い帰依を強制されています。

陛下と呼ばれる専制君主の権力は絶大で、階級制が設けられ、言論の自由はもちろんありません。そんな社会で我が物顔にふるまっているのが、主人公コミャーガもその一員である親衛隊士（オプチーニク）。イワン雷帝時代にも存在した彼ら権力の犬たちは、国家への犯罪を密告する時に用いる決まり文句〈言と事！〉を合い言葉に陛下に刃向かう気配のある貴族の家に押し入っては当主を殺し、その妻を輪姦し、蹂躙の限りを尽くすんです。

親衛隊士たちが乗っている、動物の生首をバンパーに、箒をトランクにくくりつけた真っ赤なベンツや、極小の金のチョウザメを静脈に注射して桃源郷の境地へと導く至高のドラッグ〈アクアリウム〉といったガジェットの魅力。ドストエフスキー『罪と罰』の卑猥な書き替え〈くそったまげた斧のちんぽころんな一撃がくそ婆ァの脳天にどんぴしゃりと当たったのは、（以下略）〉をはじめとする、ザ・ソローキンというべき過激な文体遊び。前にいる隊士の肛門に後ろの隊士がペニスを挿入するというスタイルで数珠つなぎになり、ムカデのように行進するといった究極のホモソーシャルの構図。

などなど、中世返りした近未来の帝国ロシアを描いたこの小説が書かれたのは２００６年。ソローキンは今から16年も前に、〝プーチンのロシア〟に警鐘を鳴らす小説を書いていたんです！

その過激な慧眼の持ち主が２０２２年2月24日に始まったロシアによるウクライナ侵攻という暴挙を受け、全世界に向けて発信した「過去からのモンスター」というエッセイが「文藝」の２０２２年夏号（河出書房新社）に緊急掲載されています。

〈自分自身の絶対的な権力、帝国的な攻撃性、ソ連崩壊のルサンチマンによってあおり立てられた敵意、西側の民主主義に対する憎悪をたっぷりと吸い込みながら〉年を追うごとに力を蓄え成長していったプーチンという名のモンスターが、最初は魅力的で健全な指導者としてロシア国民の前に登場したこと。その後、16世紀にイワン雷帝という〈偏執病や数多くの悪徳に取り憑かれた野心的で残酷なツァーリ〉が作り上げた権力のピラミッドを、この怪物がいかに登りつめ、権力を獲得して以降、どのように人格や思想、施政方針を変容させていったかを、ソローキンはわかりやすい比喩と共に明らかにしています。

〈彼は破滅の運命にある——なぜなら自由と民主主義の世界は彼の陰鬱で暗い小世界よりも大きいからだ。破滅の運命にある——なぜなら彼が新しい中世を、腐敗を、嘘と人間的自由の蹂躙を求めているからだ。なぜなら彼は過去だからだ。〉

今回の世界的有事に際して、メディアはロシア政治や軍事関係の専門家の知見を借りる報道を繰り返しているけれど、わたしは文学の力も借りるべきなのではないかと思っています。なぜなら、ロシアに生きる人々の姿をよく伝えるのはフィクションやノンフィクションやエッセイといった文学の言葉だからです。プーチンのようなモンスターを理解するのにソローキンの『親衛隊士の日』が有効であるように、イワン雷帝以来、幾人ものモンスターの独裁に脅かされてきたロシア(ソ連)の人々を身近な存在にしてくれるのは文学作品だと、わたしは思うんです。

というわけで、皆さんに紹介したい小説家がいます。ダニイル・ハルムス。1905年にペテルブルクで生まれたロシア・アヴァンギャルドを代表する作家のひとり、ロシアにおける不条理文学の先駆者です。

アヴァンギャルド芸術が弾圧を受けるようになったスターリン政権下で、ハルムスは児童文学作品を発表するようになったものの１９３１年に逮捕され、１年間の流刑生活を送っています。釈放後は発表するあてもないまま不条理小説を数多く執筆。１９４１年に再逮捕され、翌年に刑務所で亡くなりました。

ハルムスの作品はソ連時代は当局によって発禁処分を受けていて、ゆえに長らく世間に知られないままでした。しかし、１９７０年代にアメリカとドイツで〝発見〟された後、ソ連でもペレストロイカ期に解禁されて、以降ロシアのみならず世界各国でカルト的な人気を集めています。

そのハルムスの全体像を知ることができるのが、増本浩子とヴァレリー・グレチュコ編訳になる傑作短篇集『ハルムスの世界』（ヴィレッジブックス／現在は白水uブックス）です（右記のハルムスの経歴もこの本に倣っています）。

ラテンアメリカ文学作品の多くは「マジックリアリズム」と評されますが、その語源は、西洋型の文明に慣らされているわたしたちにとっては「マジカル」な描写が南米の人々にとっては「リアル」だということから来ています。同じように、ハルムスが描く不条理な状況や描写を民主主義の国の読者が読めば「コミカル」と笑い、ソ連（当時）の人たちはおそらく「シリアス」と受け止めるのではないでしょうか。

ハルムスの作品世界の中で、人は平気で誰かを殴り、殴られたら殴り返します。人はいとも簡単に死に、誰もその死を悼みません。なぜ殴るのか、なぜ死ななければならなかったのか、その理由はどこにもありません。とても気持ちのいい夏の日は、誰かが誰かに唾を吐きかけたり、女が子どもを殴りつけたり、小さな犬が細い脚を折って歩道に横たわっていたり、小さな男の子が痰壺に入った汚らしいものを食べていたり、農夫が安酒を飲んで女たちにイチモツを開陳したりして始まります。奇妙な前提が提示されても〈四本足のカラスがいた。そのカラスには本当は足が五本あったのだが、そんなことはどうでもいい〉といった具合で、歯牙にもかけられません。

ハルムス世界の住人は、たとえば落ちてきた煉瓦で頭蓋骨がへし折られても、野次馬に向かって〈みなさん、どうぞご心配なく。私は予防接種を受けていますから。ご覧ください、私の右眼には小石が刺さっているでしょう。これもちょっとした事件だったんですよ。こういうことに、私はもう慣れているんです。私は何があってもへっちゃらです！〉と言い放ち、「結婚」という単純な言葉の意味すら共有できない母子は、息子が母親の首を絞めるという暴力で不毛なやり取りを終わらせるんです。

そうしたあれこれは、秘密警察が跋扈し、言論の自由が封殺され、隣人が隣人を告発する監視社会にハルムスは殺されたのだという事実を知らないまま読めば、「ナンセンス小説」として無邪気に笑って読めるはずです。でも、こうした不条理でナンセンスなことのすべてが、ソルジェニーツィンも『収容所群島』で報告している１９３０年代から40年代のソ連では「リアル」だったとしたら？　笑いも凍りつくコミック・リアリズム。ハルムスの作品には独裁者や監視社会がどんな風に人間を追いつめるのかがユーモラスな筆致で描かれているんです。

最後に一作だけ全文を引用します。「ソネット」(『ハルムスの世界』所収)というタイトルの掌篇です。


〈私の身に奇妙なことが起きた。7と8のどちらが先に来るのかが、突然わからなくなったのだ。

私は隣人たちのところに行き、この問題についてどう思うか尋ねた。

彼らも数字の順番をよく思い出せないとわかったとき、彼らも私もどれほど驚いたことだろう。1、2、3、4、5、6までは思い出せるのに、そこから先は忘れてしまったのである。

私たちはみんなで、ズナメンスカヤ通りとバッセイナヤ通りの角にある食料品店「ガストロノム」に行って、そこのレジ係の女性に、私たちを困らせている問題について尋ねた。レジ係の女性は物憂げに微笑み、口から小さな金槌を取り出し、鼻をピクピク動かしながら言った。「私の考えでは、8が7の後に来る場合には、7の方が8の後だと思うわ」

私たちはレジ係の女性にお礼を言い、うれしい気持ちで店から出た。だが、レジ係の女性が言ったことをよく考えてみると、私たちはまたしょんぼりしてしまった。と言うのも、彼女の言ったことには何の意味もないように思われたからだった。

いったいどうすればいいのだろう。私たちは夏の庭園に行き、そこで木を数え始めた。

しかし6まで来ると、私たちは数えるのをやめて言い争い始めた。次に来るのは7だと言う者もいれば、いや8だ、と言う者もいた。

私たちはもっと言い争いを続けることもできたのだが、幸いにもそのときひとりの子どもがベンチから落ちて、上あごと下あごの両方の骨を折ってしまった。この出来事が私たちの気をそいだ。

それで私たちはめいめいの家に帰って行った。〉

「ソネット」(ダニイル・ハルムス『ハルムスの世界』所収)

物事のあり得べき形がわからなくなり、ついにはわからないことも気にならなくなり、子どもが骨を折るような事態を〈幸いにも〉と言ってしまうような社会に生きるということ。これはソ連時代の人々の精神性を象徴して見事な一篇と思います。

現代ロシアの人たちが、強大だったソ連という過去に帰ろうとしているプーチンのせいで、ハルムスの作品を「リアル」だと思ってしまうような世界に再び放り込まれたりしませんように。そう祈ると同時に、在日ロシア人を差別するバカ者どもが現れるような日本に生きるわたしは、中島京子が小説『やさしい猫』(中央公論新社)で描いている入管行政の酷い実態でもわかるように、ハルムスが命がけで書き続けた作品に描かれている不条理が決して他人事ではないということを自覚しなくてはとも思うのです。

2022.6.6

表現者が悪を成しても作品の輝きは失せない、と考えたい

2022年、有名な監督や演出家などによるセクハラ、パワハラの告発が相次いだ。そうした事柄と共に大好きな作品の名前が出てしまうのは悲しいことだけれど、表現者の悪と作品の価値は別物として考えたい。全4巻の傑作メガノベル『ゴールドフィンチ』(ドナ・タート)から学べることとは。

映画界や演劇界におけるハラスメントや性的加害の告発を目にして、それが自分の好きな表現者に関するものだったりすると気持ちが沈んでしまいますよね。もちろん、やったことは良くない。悪い。だから反省し謝罪するのは当たり前。こうした告発によって、今後業界の悪い体質が改善されることを祈っていますし、二次加害に加担したりしないよう自らの振る舞いにも気をつけなければならないと思っています。でも、それでも、たとえその表現者が悪を成したとしても、過去に発表された作品が素晴らしかった場合、その輝きは失せるものではないとわたしは考える者です。

海外の事例を挙げれば、ピューリッツァー賞受賞作家ジュノ・ディアスをめぐる一連のセクハ

ラ、パワハラ事件です。植田かもめ氏の「未翻訳ブックレビュー」というサイトがこの件に関してわかりやすいまとめになっていますので、以下、植田さんの記事に沿って簡単に紹介します。

2018年、ある女性作家が、彼女が開いた文学ワークショップの場で、ディアスが彼女を追いつめてキスをしたという忌むべき出来事をツイートしました。すると、これに追随して、複数の女性作家が自分もディアスからパワハラやセクハラを受けたと声を上げたんです。一連の告発の後、ジュノ・ディアスはエージェントを通じて「自分の過去について責任を取る」という声明文を発表し、ピューリッツァー賞委員会の委員長という栄誉ある地位を退任しました。

ディアス本人が認めているのですから、セクハラもパワハラも事実なのでしょう。「なんてヤツだ」とわたしも思います。でも、それでも、彼が書いた長篇小説『オスカー・ワオの短く凄まじい人生』(都甲幸治、久保尚美訳　新潮社)が傑作であることに変わりはないんですよ。ディアスがたとえクソみてえな男だったとしても、この作品の輝きには何の曇りももたらさないんですよ。

1930年から31年間にわたってドミニカを支配し、カリブ海に浮かぶこの小さな国を恐怖の国民総密告国家へと変えたトルヒーヨ。絶大な権力を握った独裁者の悪行の数々は、ノーベル賞作家バルガス＝リョサも『チボの狂宴』(作品社)で描いていますが、読み物としてのおもしろさはディアス作品のほうが上をいっていると思います。

『指輪物語』(J・R・R・トールキン)のようなファンタジーのカノンから『AKIRA』(大友克洋)といった日本の漫画やアニメまで、オタク文化にどっぷり浸って育った、ドミニカにルーツを持つ超肥満体の非モテ男子オスカーを主人公にした小説で、ディアスがトルヒーヨがもたらした負の遺産とどう向き合い闘っているか、是非、読んで確かめてください。オタク的な想像力と中南米伝承の想像力を掛け合わせ、世界に遍在するありとあらゆるトルヒーヨ的なるものに激烈で痛快な「NO！」を突きつける。〈素晴らしい！　素晴らしい！〉、物語末尾に置かれた一文がふさわしい、これは多様な価値観と想像力を備えて強靱なハイブリッド文学の傑作なのです。

が、しかし。わたしが今回詳しく紹介したいのは別の作品なんです。というのも、Twitterを中心に巻き起こっている告発の嵐に接して、わたしがつい思ってしまうのは「しかし、そして人生はつづく」ということだからです。

「風が吹けば桶屋が儲かる」式に、わたしたちは何らかの結果には、さかのぼってみれば必ず原因があるはずだと考えたがります。A→B→C→……Z。でも、Aが悪しき行為でZが悪しき結果、Aが善き行為でZが善き結果とは、必ずしもならないのが不思議ですよね。善行が最悪の結果を招いたり、悪行が素晴らしい結果を生んだりもする。そればかりか、Z（結果）がまだ出来事の途中にすぎなかったことが、後からわかったりもする。その理不尽さに、世界は、人間は、常に翻弄されつづけているとわたしは思うんです。

ドナ・タートの『ゴールドフィンチ』（岡真知子訳　河出書房新社）の語り手テオもまた原因と結果の間で、あっちに転がり、こっちの穴にはまり、さまざまな出来事や感情に振り回される役割を、作者によって担わされています。

《『ヘラルド・トリビューン』にぼくのことは載っていなくても、オランダのあらゆる新聞にはその記事が出ていた。（略）未解決殺人事件。犯人は不明〉〈前科のあるアメリカ人〉》。

クリスマスを間近に控えたアムステルダムのホテルに、1週間あまりこもりっぱなしになっている〈ぼく〉ことテオが何らかの事件に関わって、面倒に巻き込まれている様子をうかがわせる場面から、この全4巻のメガノベルは始まっています。しかし、詳細は一切語られないまま、物語は14年前の4月10日、テオが13歳のときに起きた大きな出来事へとさかのぼっていくんです。

してもいない喫煙の罪で停学をくらい、母とふたり学校の会議に呼び出されることになったテオ。その会議が始まる前、少しでも時間があれば絵画を鑑賞する習慣がある母は、息子を連れて美術館に寄ってしまいます。愛する息子に、自分が初めて心から好きになったという、レンブラントの弟子でフェルメールの師匠であるファブリティウスが描いた絵「ゴールドフィンチ（ごしきひわ）」を前に、かの画家を夭折させた火薬の爆発事故について語る母。しかし、テオが気にしていたのは、白髪の老人に付き添われている、古びたフルートケースをぶらさげた鮮やかな赤毛の女の子でした。彼女に話しかけたい一心のテオは、すでに通過した展示室に戻るという母を見送り、そこに留まるのですが、その直後、爆破テロが起きるんです。

九死に一生を得ながらも頭を強く打って朦朧となったテオ。必死で母を探そうとする途中で、赤毛の少女に付き添っていた、ウェルティと名乗る瀕死の老人から名画「ごしきひわ」を外に持ち出すよう頼まれ、それを実行に移してしまいます。その後何とか自力で美術館から脱出し、歩いて自宅に戻ることができたものの、母は死亡。数カ月前に、飲んだくれで賭け事好きな父親が出奔したせいで、孤児という立場になったテオは、いったん裕福な友人宅に預けられることに。

やがて、ウェルティが遺した〈ホバート&ブラックウェル〉〈緑色のベルを鳴らしてくれ〉という言葉を頼りにたどり着いた骨董店で、かの老人の共同経営者であるホービーに温かく迎え入れられ、赤毛の少女ピッパが大ケガを負ったものの助かったことを知ります。骨董家具の修理名人ホービーのもとに通い、ピッパとも仲良くなっていく中、テオは少しずつ心の平安を取り戻していくのですが、そこに父親と愛人のザンドラが現れ、彼は名画「ごしきひわ」を隠し持ったままラスベガスへ連れていかれることになり――。

と、ここまでが第一巻。自分が学校に呼び出されたりしなければ、母はあの日あの時、美術館にいなかったはずだ。テオの頭からは、大好きな母親が死んだのは自分のせいだという思いが離れません。悪しき原因が生んだ、最悪の結果。しかし、テオにとっての悪しき結果は、その後どこまでもつづいていくんです。賭博師の父親とカジノで働くザンドラのもと強いられる荒んだ生活。やはりろくでもない父親に世界中連れ回されているボリスという少年と出会い、孤独ではなくなるものの、健全とはいいがたい友情を育んでいく中、飲酒や喫煙、ドラッグの味を覚えていく。いいことなど、何ひとつ起こりはしない。

その後、物語は、父親の死をきっかけにラスベガスを脱出してニューヨークに戻ったテオがホービーに保護され、ピッパと再会するシークエンスを提示することで、読者に「災い転じて福となす」式の展開を期待させます。もともとの頭の良さから早期大学プログラムを受けるための試験に合格し、自分が修理した素晴らしい骨董家具を売るのがヘタなホービーに代わって、17歳の頃から店の経営を助けるようになっていくテオの、未来の幸福を読者は祈ります。でも、そうはならないんです。

大好きな母親が死んだのは自分のせいだという自責の念と、名画を結果的には盗み持っていることになっている状況への深い不安が、彼を少年時代にその味を覚えたドラッグのもとに留め、優れた資質を持っているにもかかわらず「何者かになりたい」という自分に対する期待を封じ、抱えこんでいる大きな秘密を守るために、本当の自分を見失い、ハンサムで人当たりのいい外面だけを整える空疎な男にしていくんです。

永遠につづいていくかのように思われる悪しき連鎖の結果としてのZ、Z、Z……。あと一回こづかれたら立ってはいられないほどの苦境と精神的な圧迫にさらされるに至ったテオのもとに現れるのが、ラスベガスで別れて以来連絡をとってこなかった悪友のボリスです。彼によってもたらされた驚愕の事実によって、テオはさらなるドツボにはまっていくことになるのですが、そのことはこれから読む人のために明かしません。

ただ、冒頭にも記したとおり、ここまでは悪しき原因が悪しき結果を招くと思わせてきた物語が、終盤にきて、善行が最悪の結果を招いたり、悪行が素晴らしい結果を生んだりもするという、人の営みにおける自分ではコントロール不能な不可思議な貌を露わにしていくことだけは記しておきます。そして、枕カバーにぐるぐる巻きにされて長い間隠されてきた名画「ごしきひわ」が、13年ぶりにおもてに現れた時、そもそもの原因は、テオが考えているように自分が学校に呼び出されるようなハメに陥ったからではないんじゃないのか、という疑問をあからさまにではなく、ごく控えめなトーンで提示する作者の慎重かつ巧妙な語り口に驚かされることも。

ドストエフスキーの『白痴』を愛するボリスは言います。

〈ムイシュキンは親切で、だれのことも愛し、優しくて、いつも人を許し、悪いことは一度もしなかった。だがどんな悪人も信用し、誤った決断ばかりをし、まわりのあらゆる人を傷つけた〉〈もしかすると、まちがった道が正しい道ってこともあるのではないか？まちがった道を選択しても、それでも自分が望んでいるところへ出てくるときもあるのでは？　あるいは、別の言い方をすると、まちがったことばかりやっても、それでもそれが正しいとわかることもあるのでは？〉

何もかも終わった後、テオは思います。

〈ぼくたちは自分自身の心を選ぶことはできない。ぼくたちは自分たちにとって良いものや、ほかの人々にとって良いものを、自分自身に求めさせることはできない。ぼくたちは自分の人となりを選ぶことはできない〉〈なぜなら——子供時代からずっと、文化の中で異論のない常套句が、常にぼくたちの中にたたき込まれているからではないか？（中略）「ありのままの自分でいなさい」「心のおもむくままにしなさい」〉〈だがここにぜひともだれかに説明してもらいたいことがある。もし人がたまたま信用できないような心を持っていればどうすればいいのか？　もしその心がそれ自体の測りがたい理由で、故意に、しかも言葉で表せないほどの輝きに包まれて人を導き、健康、家庭生活、市民としての責任や、強い社会的なつながりや、もろもろのつまらないありきたりの美徳から顔をそむけさせ、その代わりに破滅の美しい炎、焼身、災難へとまっすぐに向かわせたらどうすればいいのか？〉

ボリスとテオの問いかけに正しい答など存在しないことを、しかし、実はふたりが語っている予測も制御も不能な何かこそが〈世界の中における偉大さであり、世界の偉大さではなく、世界が理解しない偉大さである。自分とはまったく異なる者を初めて見る偉大さであり、その存在の中に、人は大きく大きく開花するのだ〉ということを、作者のドナ・タートはこの長い長い物語で語っているんです。

世界の中に無数に存在するパターンの中の一部にすぎない個々の人間が、大勢の他者との関わりの中で、こづき回され、右往左往し、A……ZZZとつづく予測不能な因果に振り回され、とても「ありのまま」ではいられない人生の真実を描く文学作品であり、『オリヴァー・ツイスト』や『デイヴィッド・コパフィールド』といったディケンズの孤児小説を21世紀版にバージョンアップしたピカレスク・ロマンであり、テオに持ち出された名画をめぐるサスペンス小説であり、コン・ゲーム小説でもある、たくさんの読みどころを備えたメガノベル。これからこの長い長い物語世界の中に入っていく未読の方が羨ましい傑作です。

わたしたちは生きている限り、途上に在ります。かつて起きたこと、今起こっていることの本当の結果は、生きている間においては生まれ得ないのではないか。悪い出来事もいつかこの途上で仮定としての良い結果を生むのかもしれない。良い結果だと思って安心していたら、再び悪い方向に向かってしまうかもしれない。だから、わたしたちは常に自分の内面を見つめつづけていなければならないし、起きた出来事について考えつづけなければならない。悪いことを起こした人の変化を認めなければならない、悪いことをされた人に対して思いやりを持ちつづけなければならない。そんなことを、わたしはこの小説を読んで学んだような気がしています。皆さんも是非ご一読ください。

2022.7.6

コラムではなく小説集で小田嶋隆を追悼する

2022年6月24日、政治や社会を鋭く批評してきたコラムニストの小田嶋隆さんが亡くなった。1988年『我が心はICにあらず』、2000年『人はなぜ学歴にこだわるのか』、2012年『小田嶋隆のコラム道』など多数の著書があるが、遺作となった唯一の小説集『東京四次元紀行』を読む。

2022年6月24日早朝、コラムニストの小田嶋隆さんが亡くなった。東京都北区赤羽に生まれ、赤羽で逝った。享年65歳。

世の中で起きているさまざまなことを俎上に載せ、自分の言葉で自分の考えを述べ、読者にも自分の言葉で自分の考えを培うことを促した人。ナンシー関が2002年に39歳の若さで急逝した時からずっと、テレビの中で何かが起きるたび、テレビの中の人が何かをしでかすたびに、わたしは「ナンシーならどんな消しゴム版画を彫り、どんな文章を添えただろう」と考えてきた。これからはそこに小田嶋隆が加わる。「小田嶋さんはこの話題を取り上げるだろうか。この問題をどう斬るだろうか」。つまり、そういう存在なのだ。

いつもハッキリと大きな「？」印の道標を行く先々に置いてくれた唯一無二の書き手を失って、わたしは今途方に暮れている。とはいえ、生きていく限りは、いつまでも呆然と突っ立っているわけにはいかない。自分なりの道標を作っていくしかない。でも、考える力が足りないわたしは何かが起きるたび、やっぱり思ってしまうにちがいない。「小田嶋さんなら……」と。

そんな稀有な存在であるコラムニスト・小田嶋隆、人間・小田嶋隆については、近しい人たちが『ＧＱ　ＪＡＰＡＮ』や『日経ビジネスオンライン』に寄せた素晴らしい追悼文の中に語られている。わたしごとき浅いつきあいしかなかった人間に加えることは何もない。でも、わたしだからできることもある。それは、遺作となった小説集『東京四次元紀行』（イースト・プレス）の書評だ。これは小田嶋隆が書いた最初で最後の小説集。東京全区を舞台にした23篇と、それ以外の9篇が収められている。

１９８３年の夏、新卒で入った会社を半年ほどで辞め、父親の車を乗り回して無目的に遊び回る日々を送っていた〈私〉が、見ず知らずのチンピラやくざ・譜久村健二を歌舞伎町まで送っていくことになる「残骸――新宿区」。

その健二が、お金がないことを責め立てる内縁の妻の静子を正拳突きで気絶させ、家を出ていってしまう「地元――江戸川区」。

家を出た健二の通報によって救急隊員に助けられた静子が、その後、健二の舎弟に呼び出され３００万円が入った封筒を受け取る「傷跡――千代田区」。

弟分のアパートから出ていかざるを得なくなり、隅田公園でのホームレス生活を覚悟していた44歳の健二が、昔の仲間からヤバイ仕事を持ちかけられる「穴――墨田区」。

福島の母親のもとに5年も預けっぱなしにしている中学生になった娘・彩美との久々の再会を前に、静子がプレッシャーから逃げ出してしまう「トラップ――世田谷区」。

祖母の死後、母親の静子と同居して杉並区の都立の進学校に進んだ彩美が抱いている夢を描いて明朗な「サキソフォン――杉並区」。

大学生の〈私〉が、七子という〈物おじしないマナーと、やや険のある美貌で一部の男子学生の間に、崇拝者に似た取り巻きを生んでいた〉女性に頼まれて、白山にある八百屋お七の墓に連れていくことになる「八百屋お七――文京区」。

結婚した篠田という男の〈石のような沈黙〉に耐えかねて離婚した七子が、夫にあまりにも似すぎている息子に不安を覚えながら葛飾区の金町で暮らすようになるまでが綴られている「相続――葛飾区」。

七子がまだ結婚生活を営んでいて、夫の実家で義母と生活していた頃の話「焼死――品川区」。

こうした連作ものになっている物語の中に、１９６６年の夏、仲間たちと浅草の花やしきに行こうとするも、独りはぐれて迷子になってしまった小学4年生の自分を〈私〉が回想する「ギャングエイジ――台東区」のような少年時代の物語や、「カメの死――練馬区」のようなアルコール依存症をめぐる物語といった、小田嶋さん本人の体験に深く根ざした作品が混じっている。

小田嶋さんは「あとがき」の中で、小説は〈「特別な才能に恵まれた特別な天才（たとえばドストエフスキーや三島由紀夫みたいな）」が書き上げる特別なジャンルの文芸作品だと考えていた〉ものの、〈自分で書いてみると、小説は、読むことよりも書くことの方が断然楽しいジャンルの文章だと思うようになった〉と明かしているけれど、まさに、そんな「楽しい」という気持ちが跳ね回るような、自由闊達な書きっぷりと構成になっているのだ。

23区という縛りを離れた9篇も読み心地はさまざまだ。

金森幸三という〈いまで言えばＡＤＨＤ（注意欠陥・多動性障害）ないしは「自閉症スペクトラム」という言葉で分類されるはずだった〉少年と仲良くなることで、それまでの〈総体として内気な性格から、積極果敢で時に粗暴ですらある、典型的なギャングエイジの男児に変貌した〉小学4年生の〈私〉を回想した「プラ粘土」。

結婚についての悩みを抱えた幼なじみに言ってやれなかったひと言について悔いる〈私〉の話「指環」。

7年前に結婚に関する意見の相違から別れ、今は見合い結婚で病院のオーナーの婿養子になっている元恋人と偶然再会した女性が、結婚にまつわるアイロニカルな告白をされる話「2月の蛇」。

高校生男子〈オレ〉が経験するタイムループをコミカルかつ軽快な文体で書いた、この小説集における異色作「月日は百代の過客にして」。

など、よくできた落語の人情噺のような掌篇からSFまで、物語は多岐にわたっている。

わたしが一番好きなのは、秋山遼太郎という男にまつわる3つの物語だ。〈自分の要望がわからない。何を望んでいて、どういう生き方をしたいのかも〉わからないから、同居している恋人・美沙の言いなりになっている現状を心地よく思っている遼太郎。そんな彼が、「猫が飼いたい」と言われて初めて「あり得ないよ」と拒絶する。その衝撃的な理由が最後に明かされる「猫——足立区」。

母子家庭で半ばネグレクトのような状況で育った遼太郎の過去が描かれ、美沙と同居していたマンションを出てひとり暮らしをしていた頃のアパートに戻った彼が、しかし、最後に破顔一笑する結末に胸が熱くなる「蔦の部屋——中野区」。

1983年2月、26歳になったばかりの失業者の〈私〉が、橋の欄干を歩く中学2年生の遼太郎と出会う話「欄干——北区」。

この遼太郎をめぐる3つの物語に代表されるのだけれど、小田嶋隆の書く小説は、コラムでそうであったように、世の中で弱者や敗者とされる者に対する眼差しが柔らかい。内気だったり、要領が悪かったり、何かに依存していたり、希死念慮が強かったり、つらい半生を送っていたり、友達がいなかったり、そういうタイプのキャラクターの声なき声に耳を澄ませ、彼らの停滞や逡巡や失敗を物語という形で肯定してやる。この小説集には小田嶋隆という人間の優しさや、人を見る目の深さと確かさが刻印されているのだ。

土地と町と人にまつわる三次元の話に虚構という次元を加えたこの「四次元紀行」でフィクションを書く楽しさを手に入れた小田嶋隆が、その楽しさの先に必ずや待っている、創作の苦しさにぶち当たる日まで生きていたら、どんな長篇小説を書いてくれただろう。それが読めないのが悲しい。この拙い書評を小田嶋さんに届けるのが間に合わなかったことが、苦しい。

心からご冥福をお祈りします。

2022.8.6

熱波と7波に襲われる夏休みのための恐怖小説5選

夏はやはりホラー小説。モダンホラーの傑作もよいけれど、2022年夏は、変わり種の海外恐怖小説を5作、厳選してオススメする。

地球全体が史上最悪クラスの熱波に襲われているこの夏、いかがお過ごしですか。トヨザキは生活用品の買い物と仕事以外は一切外に出ず、24時間クーラーをかけっぱなしの上、首には保冷剤をしのばせた手ぬぐいを巻きつけ、ガリガリ君とビールの助けを借りて何とか生き延びております。

というわけで今月ご紹介したいのは暑い盛りの定番、ホラー小説5作品です。そうは言っても、ひねくれ者のトヨザキのことですから、スティーヴン・キング以降のモダンホラーの傑作の数々を挙げたりはいたしません。あまり多くの読者を獲得できてはいない海外文学の中から、変わり種の恐怖小説ばかりを取りそろえてみました。

■危険な眩惑感『死者の饗宴』

まずは、ちょっと変わった海外小説を読みたいという方に好評の、国書刊行会から出ている「ドーキー・アーカイヴ」シリーズから。このシリーズ、知られざる傑作や埋もれた異色作にスポットを当てているのですが、責任編集はオモシロ小説の発掘名人である若島正と、オカルティズムの泰斗として知られる横山茂雄。当代きっての目利きのふたりがタッグを組んだときたら、おもしろくならないはずがないわけで、20世紀初めに活躍したものの、死後なかば忘れられてしまっている作家ジョン・メトカーフの短篇集『死者の饗宴』(横山茂雄、北川依子訳　国書刊行会)もまた然りなんであります。

ビルマの古刹から〈凝った血の色〉をした伝説のルビーを盗み出した連中につきまとう〈指さす手〉の悪夢。ルビーに潜む邪神によって身をほろぼす男の体験を描いた「悪夢のジャック」。〈水平線上に見える一種の茶色い染みで、現れては消える〉。そんな在るはずのない島の幻影に怯える退役した海軍提督。思いきって船でその島を目指してみると——。SF的な読みごたえも備えた「ふたりの提督」。

狂った医師の呪術めいた施術がもたらした、謎の現象をめぐる「煙をあげる脚」。〈ある種の状態にある特定の精神のみが感応できるような、そんな特異な刺激のなかに在る〉場所にまつわる昏い物語「悪い土地」。

信じる心によって超人的な能力を授かった善良な婦人が、今度は不信によって怖ろしいしっぺ返しをくらう「時限信管」。

ハネムーンのさなか、妻の今は亡き邪悪な前夫の影に脅かされる夫婦の物語「永代保有」。かつての上司の、ひどく変わったところのある息子の来訪をきっかけに、精神を失調させていく男を描いた「ブレナーの息子」。

夏の休暇中、フランス人の知人宅に息子を預けるようになった〈わたし〉。その習慣が向こうから一方的に打ち切られた後、フランスから息子を訪ねてやってきた、ラウールという名の謎の男。どうやら男を大変慕っている息子は、しかし、その来訪以来、目に見えて生気を失っていき、〈わたし〉に反抗的な態度を取るようになって、やがて――。謎の男の正体に、いかような解釈もできる筆致で迫っていく表題作「死者の饗宴」。

読みながら浮かぶ幾つかの疑問に明快な答えは用意されず、物語が生む恐怖の原因は解消も解決もされない。悪は悪のまま、不安は不安なまま、狂気は狂気のまま、怯えは怯えのまま、穢れは穢れのまま、放置される。読んでいるうち、登場人物の現実と妄想の境界がわからなくなってしまう。ゆえに、読者は作者が用意した世界の中から容易に抜け出すことができない。「脳髄をじかに浸蝕されるかのごとき危険な眩惑感」という、横山さんの解説の言そのままの異様な感覚が横溢する8篇を収録。オチがはっきりあるような単純な物語にあきたりない思いを抱いている人に、ぴったりの一冊なのです。

■オールタイムベスト「人影」収録『骸骨』

次に挙げたいのが『骸骨』（中野善夫訳　国書刊行会）なのですが、作者はジェローム・K・ジェローム（1859〜1927年）。J・K・Jの代表作といえば、ご存じ『ボートの三人男』です。自分はありとあらゆる病気にかかっている可能性があるのではないかと不安でならない主人公が、同じ気鬱を共有している仲間ジョージとハリス、犬のモンモランシーを伴って、ボートでテムズ河を下る旅に繰り出す。テムズ河流域の町や村、城などの歴史、地理にまつわる雑学を交えながらの珍道中を、テンポのいい展開と軽妙な文体で綴ったコミック・ノベルの名作で、今でも中公文庫と光文社古典新訳文庫で入手可能ですから、未読の方は是非！

なのではありますが、トヨザキ、この『骸骨』という短篇集を読むまで、J・K・Jが幻想小説と怪奇小説をたくさん遺しているとは知らなかったのでした。その意味でも、出してくれてありがとう国書刊行会！　の気持ちでいっぱいになる一冊なんであります。

〈ああ、幽霊国興奮の夜、十二月二十四日の夜だ！〉〈クリスマス・イヴには、正真正銘の幽霊にまつわる逸話をお互いに語り合わないことには満足できない〉とばかりに、ある家で聖夜を過ごす面々が披露する幽霊譚の数々。怖いというよりは、語り口の妙に惚れ惚れさせられるこの「食後の夜話」を皮切りに、17作品が収録されています。

機械仕掛けの玩具を造る名人が、ダンスパーティを満喫したいお嬢さんたちのために製作した、疲れ知らずの美形の男性ダンサー。その顚末が無惨な「ダンスのお相手」。

かつて大きな過ちを犯してしまった対象である男に追いかけられつづけている主人公。ところが相手は復讐を遂げる寸前に頓死。生き残った主人公は科学者になるものの、新しい骨格標本を購入したところ――。恐怖がひたひたと迫ってくる表題作「骸骨」。

希望溢れる着地点が見事な転生譚「人生の教え」。

生き霊を扱って切ない物語に仕上げたストーリーテラーぶりに舌を巻く「二本杉の館」。

人々に本当の自分の姿や望みを自覚させる力を持った青年が救世主を彷彿させる「四階に来た男」。

紀元前2千年に仲間たちの所から追放された妖精が1914年に蘇って、活動的にしたり頭を良くしたりと能力を上昇させる魔法を人々にかけ、村に混乱を巻き起こす様がユーモラスな「ブルターニュのマルヴィーナ」。

などなど、いろんなタイプの物語が味わえる一冊になっているのですが、わたしがとりわけ好きな恐怖小説が「人影《シルエット》」なのです。

〈残念ながら自分にはいささか陰鬱な傾向があるに違いない〉というのも、自分が育った環境が――と語り出す〈僕〉が回想する子供時代の見聞や体験が描かれていくんですが、これがもう、理性や知性では処理できないレベルの不思議と不気味に溢れているんです。特に、最後に綴られている出来事。ある晩、〈僕〉たち家族と使用人が住む大きな館を襲う不可解な恐怖に、作者はどんな説明もつけません。本当に起きたことなのか、〈僕〉の夢なのか、わからない。わからないから、いつまでも悪夢から出ていけない。この傑作怪奇幻想譚は、わたしのオールタイムベストの一作になりました。

■怖れを発見『わたしたちが火の中で失くしたもの』

短篇集をつづけます。これが本邦初紹介となるアルゼンチンの作家マリアーナ・エンリケスの『わたしたちが火の中で失くしたもの』（安藤哲行訳　河出書房新社）。訳者あとがきによれば、２０１６年に出版されるや絶賛され、今では24か国語に訳されており、「ホラーのプリンセス」として称揚されるに至ったんだそうな。

実際、作家本人もスティーヴン・キングからの影響を明かしていますけど、もちろん単なる人気ホラー作家のフォロワーなんかじゃありません。幻想（奇想）短篇の名手コルタサルや叡智の巨人ボルヘスといった同郷の先輩たちの薫陶を受けた、ひと筋縄にはいかない恐怖小説の書き手なのです。

治安の悪い地区に住む女性が、近所で寝起きしている少年とその母親と関わることになる「汚い子」。

別荘で過ごす少女が、夜、親友と共に小さなホテルに忍びこむ「オステリア」。

廃屋の中で忽然と姿を消した幼なじみをめぐる物語「アデーラの家」。

小さな子ばかりを餌食にする殺人鬼の幽霊を見るようになったバスガイドの話「パブリートは小さな釘を打った」。

自傷癖のある同級生に魅入られた〈わたし〉が、好奇心は猫を殺す的体験をすることになる「学年末」。

川を流れる有害物質と貧困のせいで忌むべき場所となっている地区に、事件の調査のため、女性検事が単身乗りこんでいく「黒い水の下」。

過激なフェミニズム小説になっている表題作「わたしたちが火の中で失くしたもの」。

などなど収録12篇の多くは、アルゼンチンならではの歴史や社会状況、ジェンダーの問題を背景にしています。また、わかりやすい形で閉じられてもいません。現れた何かは幻覚なのか、そうではないのか。ヒロインは結局どうなったのか。作者は、読者を恐怖のとば口まで連れていっておきながら、その奥までのぞきこむかどうかは、わたしたちに任せてしまうんです。

何を怖ろしいと思うかは、本能や個人の体験や生まれ育った社会の環境や状況といった、たくさんの要因によって決定されるから、あらゆる恐怖小説は系統として似通ってしまうことがあっても、実はそれぞれに独自性を内包しているものです。それに触れることで読者は、すでに自分の内にあったのに気づいていなかった怖れを発見し、自己を更新することになる。つまり多くの恐怖小説が、読む前と読んだ後での内面の在りようを少し変えてくれるということ。マリアーナ・エンリケスのこの短篇集はまさにその役目を果たしていると、トヨザキは思います。

■呪いのタイプライター『誰がスティーヴィ・クライを造ったのか？』

次は少し軽めの読み心地の長篇小説を。ＳＦ作家マイクル・ビショップの『誰がスティーヴィ・クライを造ったのか？』（小野田和子訳　国書刊行会）です。

１９８０年代初め、まだワープロが高価だった時代。アメリカ南部ジョージアの小さな町に住むスティーヴィ・クライは、数年前に39歳の若さで夫を亡くし、13歳の息子テッドと8歳の娘マレラを養うため、ノンフィクション系ライターとして何とか生計を立てていました。ところが、夫からプレゼントされた電動タイプライターが故障。正規の販売店の態度と高い修理代が気にくわないスティーヴィは、友人に紹介してもらった店に愛機を持ち込むことにするんです。

そこで出会ったのが、〈ジョージ・ロメロの映画に出てくるゾンビの情念、心やさしさ、その他もろもろをすべて持ち合わせているという印象〉の青年シートン・ベネック。スティーヴィの書く記事のファンだという彼は、あっという間に格安で修理をしてくれたばかりか、タイプライターに〈ちょっとしたおまけ〉を入れてくれたと言います。ところが、その日から、タイプライターは勝手に文章を打ち始めるようになり――。

これは、そんな設定で始まる、猛暑のさなかに読むのにぴったりな真冬の寒さを舞台背景にした異様な物語になっています。

徹底した治療を受けることを拒み、癌で死んでしまった夫のことを、心のどこかで「自分たちを見捨てた」と恨んでいるスティーヴィ。タイプライターが勝手に生み出す物語に登場する亡き夫は、そんな妻の「どうして生きることを諦めたのか」という訴えに、〈つけを払うときが来たからだ〉と答えたり、「自分は浮気をしている」と告白したりして、スティーヴィを混乱させるばかりです。〈わたしはあなたの想像の産物、ウィックラース郡の狂女、スティーヴンソン・クライ。わたしはあなた。〉と語り、スティーヴィの不安と悪夢、欲望と恐怖を反映するかのような物語を次々と生み出していくタイプライター。その意味でこの小説は、作家が作品を生み出す行為のメタファーとも読めるんです。

使い魔のような小さな猿を操るシートンは、なぜそんな呪いをタイプライターにかけたのか。亡き夫が、タイプライターの物語の中で吐露する心情が意味するものは何なのか。女占い師の力を借りて、スティーヴィがそうした怪現象の真相に迫っていく後半は怒濤の読み心地です。

タイプライターの自動筆記のせいで、ヒロインのみならず、読者もまた、この物語世界の中で何が現実で何が虚構なのか区別がつかなくなっていくという展開のさせ方が見事。直截な恐怖表現がないゆえに生まれる、読後尾をひく不気味さも格別。いろんな意味でトリッキーなホラー小説になっています。

■リアルな悪と恐怖『火葬人』

「一番怖いのは幽霊や怪物なんかじゃなく、人間」とはよく言われることですが、それをまざまざと思い知らせる小説がチェコの物故作家ラジスラフ・フクスの『火葬人』（阿部賢一訳　松籟社）です。

舞台は1930年代末のプラハ。主人公は火葬場で働くコップフルキングル氏です。家族を心から愛する、穏やかな紳士として登場する氏ですが、しかし、少し変わったキャラクターを付与されてもいます。

チベット仏教に関する書物を愛読し、火葬こそが創世記の一節〈塵である汝は塵のなかに帰るのを忘れるな〉を実現させ、生の苦しみをすばやく和らげると堅く信じている。ファーストネームがカレルであるにもかかわらず、妻にはロマンと呼ばせ、妻のことも本名のマリエではなくラクメーと呼ぶ。買ってきた肖像画を、絵のモデルとなった人物名を知りながら、別人の絵として飾る。他人の言葉をそのまま自分の言葉として使う。コップフルキングル氏が実は中身が空疎で、自分にとって都合のいいことだけを信じるタイプの人間だということが、読んでいくうちにじわじわとわかってくるんです。

上の階に住むユダヤ系の医師ベッテルハイムを尊敬し、〈こんなに優しく、犠牲すらいとわない〉ユダヤ人を、どうしてヒトラーは迫害するんだろうと思っていたのに、ヒトラーを支持し、ドイツ系チェコ人で構成される党に入って出世を遂げている友の影響を受けてしまうと――。

差別や暴力と無縁だったはずの好人物が、少しずつ黒い偏見に染まっていき、やがてダークサイドに落ちていく。その過程を、動物園内の捕食動物の館やら、17世紀にプラハを襲った黒死病の恐怖をテーマにした蠟人形館といった、薄気味悪いエピソードと共に描く筆致はほとんどホラーなのに、時にクスッと笑える場面もあったりして、いろんな意味でひと筋縄にはいかない小説になっているんです。読後、自分の中にコップフルキングル氏がいないかどうか、自問せずにはいられなくなる。そんなリアルな悪と恐怖を描いて素晴らしい作品です。

新型コロナウイルスの第7波に襲われている昨今（当時）ですから、夏休み旅行を断念した方も多いと思います。以上5作品を、冷房の効いた快適な自宅でお読みになってはいかがでしょう。という、暑かろうが寒かろうが、コロナだろうが何だろうが関係なく、徹底したインドア読書派からのご提案なのでした。

2022.9.6

「正しさ」に疲れたら、絶品ダメ人間小説で笑おう

海外文学ファンの間ではカルト的傑作として翻訳が待ち望まれていたジョン・ケネディ・トゥールの絶品ダメ人間小説『愚か者同盟』が2022年夏、翻訳刊行された。「正しい意見」に疲れた人たちに笑いを。

いきなり自分の話から始めるのは恐縮なのですが、わたしには『まるでダメ男じゃん!』(筑摩書房)という著書があります。フローベールの『ボヴァリー夫人』やドストエフスキーの『カラマーゾフの兄弟』、夏目漱石の『坊っちゃん』、中上健次の『岬』、スティーヴン・キングの『シャイニング』、ミラン・クンデラの『存在の耐えられない軽さ』、西村賢太の『どうで死ぬ身の一踊り』など23作品を、そこに登場するダメ人間を通して紹介した本です。どうしてそんなコンセプトで100年ちょっとを視野に入れた名作を読み解こうと思ったかというと、もともと小説や映画や演劇やドラマに奇人変人やダメ人間や正しくない人が出てくるとホッとする質《たち》なのです。最近はますますその傾向が強くなっています。

わたしも含めてなのですが、今、SNS上では多くの人が差別や不正に対して「正しい意見」を

大きな声で語っています。それは正しい声なのですから、なんら非難されるべきことではありませんし、あらゆる人が生きやすい世界を作るために必要な声です。にもかかわらず、わたしは時々疲れてしまうんです、正しい人たちに、正しい声を上げようとする自分に。

そんな時、小説や映画や演劇やドラマで「こいつ、どうしようもねえな（苦笑）」というキャラクターに出会うとちょっとホッとしてしまう。そういう人間が存在を許されている世界に安心する自分がいるんです。で、そんなわたしと同じような疲れを覚えている方々におすすめしたい絶品ダメ人間小説が、ジョン・ケネディ・トゥールの『愚か者同盟』（木原善彦訳　国書刊行会）なのです。

これ、アメリカの著名な文学賞のひとつピューリッツァー賞を受賞していて、数々の傑作リストの上位にも挙がってくるコミックノベルの名作と讃えられているにもかかわらず、なぜか日本では長らく訳されなかった、海外文学ファンにとっての「いつ訳されるんだろう」案件本のひとつだったんです。本国での出版の経緯も曰くつきで、そのあたりの事情は訳者「あとがき」に詳しいのですが、１９６０年代にこの小説を完成させたものの、持ちこんだすべての出版社から刊行を断られ失望した作者は旅に出て、１９６９年、その途上で自死しているんです。本作が日の目を見たのは１９８０年。翌年にはピューリッツァー賞を受賞し、２０１４年の時点で24を超える言語に訳され、２００万部以上が売れているという次第。

そんな、日本の海外文学ファンの間ではカルト的傑作として翻訳が鶴首されていた作品がついに出たんですから、読まないでいられるはずがありません。で、読みました。で、気持ちいいくらい笑っちゃったんでありました。

主人公は1960年代のアメリカのニューオリンズで母親と暮らしているイグネイシャス・J・ライリー。

〈肉付きのいい風船のような頭が緑のハンティング帽を無理やりかぶっていた。大きな耳、ボサボサの髪、そして耳そのものから生えた剛毛に押された緑の耳当ては、右と左に同時に出された方向指示器のようだった。ぽってりとした唇は黒く濃い口髭の下で丸く突き出て、両端の小さなしわには不満げな態度とポテトチップのかけらが詰まっていた。〉

登場人物のひとりから〈体が超でかい変態です〉と言われてしまうようなイケてない外見。周囲の人々を見下す傲慢な態度。大学院まで出たにもかかわらず30歳になっても無職。中世思想マニアで〈運命の車輪（ロータ・フォルトゥナエ）〉を信じており、自分が起こしてしまったあれこれをその運命の車輪が上向きか下向きかに起因を求めることで、一切の責任を放棄。口だけは達者で、母親や周囲の人間を嘘と詭弁で言いくるめようとしがち。発表のあてもない戯言めいた論文を、子供向けのレポート用紙に書き散らすのが生きがい。出演者や内容を罵倒するためだけに、わざわざ低俗なテレビ番組を視聴。毎晩のように通っている映画館でも上映中に大声で俳優を罵倒するので、要注意人物扱い。幽門の調子が悪くてゲップを多発。にもかかわらず、ジャンクフードや「ドクター・ナット」というドリンクを暴飲暴食。

そんな〝大きな問題児〟が引きこもっていた家から外の世界に出ることによって、母親にとどまらず、大勢の人に迷惑をかけまくることになるんです。外に出るきっかけは、母親が起こした自動車事故。建物に与えた被害の補償で１０２０ドルの借金を抱えたため、いやいや働くことになるわけです。

ようやく職を得たのは、２代目社長にまるでやる気がないせいで潰れかけのアパレル会社「リーヴィ・パンツ社」。事務長のゴンザレスの下、ファイル整理の仕事に就くのですが、イグネイシャスがしたことは整理ではなく廃棄。取引先に出すはずの謝罪の手紙を、勝手に攻撃的な内容のものに書き換えて投函。挙げ句、工場で働く黒人労働者を扇動して暴動騒ぎを起こし、当然のことながらクビになってしまいます。

次に拾ってくれたのは「パラダイス街頭販売社」。ここで屋台をまかされるものの、イグネイシャスは売り物のホットドッグを自分でムシャムシャ食べて、〈巨大な地下組織に属する若者に襲撃されました〉と嘘をつき、「でたらめだろ」と見透かされれば、〈でたらめ？　この事件は社会学的にも根拠がある。責められるべきは私たちの社会です。刺激的なテレビ番組とか好色な雑誌で頭がおかしくなった青年たちが、因習に染まった若い女性と付き合って、やがて自分の頭の中で妄想していたセックスに引き込もうとして拒絶される。そうして成就することのなかった肉体的な願望が食べ物の領域に昇華される。僕は残念なことにその犠牲となった。この青年が性のはけ口を食料に求めたことについて、私たちは神に感謝すべきでしょうね。そうでなければ、あの場で僕がレイプされていたかもしれない〉と、屁理屈をとうとうと述べ立てる。

そんな頭の良さの使い道をまるっきり間違えてることに気づけないばかりか、母親や他人に迷惑をかけまくりながら一切反省することなく、次から次へと好き勝手放題問題を起こし続けるこのトリックスターの行状という本筋に、個性的な変人やダメ人間のエピソードが絶妙に絡んでいく物語になっているんです。

上司の巡査部長から〈バレエ用のタイツに黄色いセーター〉みたいなヘンテコな変装をした上で〈怪しい変人を逮捕連行すること〉を命じられるマンクーソ巡査。リーヴィ・パンツ社で50年間も働きながら、実情はといえば、たまに会計元帳を不正確に書き写すことしかしていない80代のトリクシー女史。ふたりの娘をだしにして、やる気のない2代目社長の夫を脅したり責めたりしながら自分のわがままを通してきたリーヴィ夫人。なにやら怪しい副業にも手を出しているラナ・リーが経営しているストリップクラブ兼バーの「喜びの夜」で二束三文で働かされ、〈やば！〉が口癖になっている黒人青年のパーマ・ジョーンズ。「喜びの夜」のショーにかけるために、飼っているインコと共演するストリップ劇を作ろうとしている若い女性ダーリーン。裕福なゲイで、地元のパリピに顔が利くドリアン・グリーン。グリーンが所有するアパートメントの2階に用心棒として住まわせてもらっている気性の荒いレズビアントリオ。イグネイシャスの大学時代の恋人で、今はニューヨークで過激かつ奇矯な政治的活動に従事しているマーナ・ミンコフ。

イグネイシャスは、こうした癖が強すぎる愚か者軍団を巻き込んだり、巻き込まれたりしながら、リーヴィ・パンツ社で捏造した攻撃的な手紙がもとで起きる事件という大団円に向かって、よたよたのらりくらりと己の勝手な判断にまかせて責任を回避しつつ、たくさんの騒動を起こしていくんです。

1960年代に書かれたコミックノベルなので、人種やジェンダーに関して、2022年の目から見れば「正しくない」言動も描かれています。でもね、今「正しい」とされている言説だって、50年後にはどうかわからないじゃないですか。多くの「正しさ」は時代の落とし子です。過去の作品を現在の意識で断罪する読み方は貧しい。わたしはそう考えます。

ダメェ〜な人たちが、正しくない言動で押しくらまんじゅうしているさまで幾度も笑わせてくれるこの小説が、わたしは好きです。ラスト、イグネイシャスはニューヨークへと向かうことになるのですが、この大きな問題児は摩天楼の大都市でもトリックスターぶりをいかんなく発揮したはず。『愚か者同盟』が作者ジョン・ケネディ・トゥールが生きている時に出版されていたら、その物語も読めたのではないか。そう思うと、読後、悔しい気持ちが募る、わたしにとっての「ようやく読めた幻の傑作」なのです。慢性的な「正しさ」に疲れている方に熱烈推薦いたします。

2022.10.6
宮沢章夫さんを悼んで小説を読む

小田嶋隆さん、宮沢章夫さん、6代目三遊亭圓楽さん、アントニオ猪木さん……、2022年は悲しい死の報せが続いた。遺された人間は何ができるのか。そう、本を読むことである。

6月24日に小田嶋隆さんが亡くなったばかりだというのに、9月12日に宮沢章夫さんまで彼岸に逝ってしまわれた。

劇作家にして演出家にして小説家。1961年生まれであるわたしの世代にとって、宮沢さんは、たった5歳しか違わないのに常に仰ぎ見るサブカルスターでした。ウィキペディアには記載されてないけれど、まだ有名になる前から、1980年代当時の最先端のクリエイターや文化人が集う原宿のクラブ「ピテカントロプス・エレクトス」に出入りしていたことこそ、わたしにとっては宮沢さんのその後の活躍と活動を裏づける眩しいエピソードだったりします。ピテカンってそのくらい敷居の高い、サブカルクソ野郎（愛着と自嘲をこめての呼称）にとっての憧れの聖地だったんです。

宮沢さんとはその後何度かお目にかかって話をうかがうことができたんですが、一番の思い出は、ライターとして初めてインタビューにうかがった時のこと。マガジンハウスから出ていた『鳩よ！』というカルチャー誌で竹中直人の特集を組むことになり、竹中さんの大学時代からの友人である宮沢さんに話を聞くことになったんです。

憧れの人に初めてお目にかかるんですから緊張もしましたし、失礼がないよう事前の調査怠りなしで臨んだインタビューだったのですが、始まってみると話ははずまず質問を聞き返されることしばしばで、「ああ、失敗だったなあ」と意気消沈。同席した編集者もそう感じたのでしょう、宮沢さんに「昨日のインタビュー、何か粗相があったでしょうか」と訊いてくれたんです。そしたら――。

「いやー、インタビュアーの方の声があまりにもユニークで聞き惚れちゃって、質問の内容が入ってこなかったんだよねえ。彼女は声優か何かなの？」

子供の頃から自分の声が嫌いで、テープ起こしも苦痛でしかたなかったのですが、なんだか宮沢さんから褒めていただいたような気がして嬉しかったことを覚えています。後年、酒席でその時の思い出話をすると、宮沢さん、「あの時はごめんねえ」と謝りながら、「トヨザキさんの声はいいよ。おもしろいよ。記憶に残るよ」と言ってくださいました。ありがとうございます。宮沢さんのおかげで、あんなに嫌いだった自分の声が、今では耳に入っても苦ではなくなりました。

9月30日には6代目三遊亭圓楽さんが、10月1日にはアントニオ猪木さんが逝去。それぞれのファンの方は、小田嶋さんと宮沢さんの死に呆然となるわたしのように、喪失感に打ちのめされていることと思います。もちろん、有名人ばかりではありません。家族や恋人、友人、ペットを失って悲しむ人が、毎日、世界のどこかにおられます。遺された人間ができるのは悼むことだけ。生者は悼むことで死者を慰撫し、死者は思い出によって生者を慰藉するのです。今回はそのきっかけになってくれるかもしれない本を紹介します。

まずはユーゴスラビアの作家、ダニロ・キシュの短篇集『死者の百科事典』（山崎佳代子訳　創元ライブラリ）から表題作を。

語り手は、演劇研究所の招きでスウェーデンを訪れた〈私〉。深夜、王立図書館に連れていかれた彼女が見つけたのが「死者の百科事典」。〈私〉は「M」の項目のところに、最近亡くした最愛の父の名前を発見します。そして、そこに父のすべて（！）が記載されていて、自分も知らなかったエピソードの数々に驚くと共に、あることに気づいて深い感銘を受けるのです。それは〈この『死者の百科事典』に収録されるための唯一の条件――（中略）、その条件というのは、他のいかなる百科事典にもその名前が出ていないということ〉。

つまり、これら千巻もの百科事典に収められているのは無名の人々の生涯だったんです。

〈人間の歴史には何ひとつ繰り返されるものはない。一見同じに見えるものも、せいぜい似ているかどうか、人はだれもが自分自身の星で、すべてはいつでも起きることで二度と

起きないことなのです。すべては繰り返される、限りなく、類なく〉

この物語を読んだ１９９９年以来、この言葉は身近な人や動物の死に際しての深い悲しみの底から、わたしを幾度も引き上げてくれました。かけがえのない人や飼っていた動物たち。わたしの記憶の図書館の中で、彼らの比類なき生が、この小説の中の百科事典のように完璧なものではないにしても、大事な思い出として収蔵されていて、いつでも引っぱり出して読み返すことができる。それは大きな慰めになってくれるのではないでしょうか。

飼っていた猫を亡くしたばかりの頃、わたしを慰めてくれたのが、ケヴィン・ブロックマイヤーが『終わりの街の終わり』（金子ゆき子訳　ランダムハウス講談社）で創出した死者の街でした。それは、自分のことを記憶している人間が現世にひとりでも存在していれば留まることができる街なのです。

ところが、その街がどうやら縮みはじめているらしい。人口も減ってきている。なぜか。〈まばたき〉と呼ばれる人為的な伝染病によって、世界が滅亡に向かっているからです。にもかかわらず、死者の街から消えない人々もいる。なぜか。コカ・コーラ社の仕事によって南極にいたおかげで、厄災から逃れたローラの生存ゆえです。

南極で独りサバイブしているローラが孤独のうちに思い出す、過去に袖すり合わせた人たちのエピソードが、死者の街にいる人々のそれと重なり合う。ローラの性格が悪い上司が、彼女が自分の家族や親戚に会ったことがないせいで死者の街で自分は独りぼっちだと恨んだり、ローラの幼なじみが死者の街で彼女がかつてほんの一時期つきあった男性と愛し合うようになったりと、ローラと死者の街のシンクロ具合が絶妙な構成になっているんです。

死者の街という寓話と、世界の滅亡というデザスター小説。ふたつの読みごたえを備えたこの物語の読後感は、世界の終わりという悲劇を扱いながら、とても温かい。読みながら思い浮かぶのは、先に逝った家族や友人や動物たちが、死者の街ですれ違ったり、わたしを介さず仲よくなったりしている幸福な光景なんです。そして、わたしもまたいずれその街でみんなと再会できるのだとしたら……。そんな空想にしばし浸ってしまうのです。版元が消滅してしまったせいで長らく絶版なのが残念な、素晴らしい小説。どこかで復刊してくれませんか。

最後に、遺された者の心象風景が胸を打つ作品を。若い頃から仕事で深いつきあいのあった忌野清志郎の死を、かつて高名なCMディレクターであり、今は小説家である川崎徹が悼んだ『会話のつづき　ロックンローラーへの弔辞』（講談社）です。

著者は、この本の中で忌野清志郎やキヨシローという固有名を一切出しません。かのロック・スターの死を悼んで斎場まで長蛇の列を作る大勢のファンを眺めながらも、自らは参列しません。思い出を語りながらも、それに終始することはありません。実は、この本の中で忌野清志郎に直接関わる文章はとても少ないんです。野良猫の世話をするために通っている公園のベンチにいた男の死。その公園でたびたび目撃される兵隊の霊。母の命日に必ず現れる蜘蛛。母の死後、ひとり暮らしをしていた父との対話。子供の頃の思い出。刺殺された顔見知りのコンビニ店員。この本は、忌野清志郎以外の死者や話題に多くをさいています。

〈記憶の底の遠いむかしから、見送って間のない近い過去まで、気がつくとわたしが採用するのはすでにいない人々、彼等が残した空洞、それに伴う景色であった。非存在の力をわたしは見ようとしていた〉

そんな小説を書いてきた川崎さんは、サブタイトルに「弔辞」という言葉をおいたこの本の中でも、すでにいない人たちの気配を描こうとつとめているんです。そして、〈やはり名前は出さないものの久世光彦だとわかる〉今は亡き演出家との生前の交流を回想し、彼の死に接して〈会話とは話すことではない。聞くことだ〉と知った著者は、だからこの本で、すでにいない人たちの声に耳を澄ませようとしています。耳を傾ける姿勢で、忌野清志郎との、死によって断たれてしまった会話の続きを試みているのではないか。わたしには、そんなふうに思えるのです。

〈わたしの一方的思いなど去った者に届きはしない。いくら手を振ろうとあちらからは見えないのだ。それを承知でわたしは手を振る〉

聞こえない声に耳を澄ませ、見えないのを承知で手を振る。それが、弔意で弔辞。生者にできる、精一杯の追悼であることを伝えて、静かに胸を打つ一冊です。

この本で小説家・川崎徹に興味を持った方は、中短編集『彼女は長い間猫に話しかけた』（マドラ出版）も探して読んでみてください。これは、著者本人を思わせる〈わたし〉が、死の床についている老父を看取る、その数日間の出来事を綴った小説です。医師との命の瀬戸際をめぐってのシビアなやり取りこそあれ、波瀾万丈の展開があるわけでもなく、涙を誘う父子の劇的なドラマが用意されているわけでもありません。

生から死へと少しずつ心身を寄せていくことで、その生き物としての在りようを変えていく父親の〈「自分」と「自分以外」の境界が曖昧になって、両者が融合し始め〉〈彼を彼たらしめていた人形《ひとがた》の境界線は、八十七年間の役割を終え消滅しつつ〉ある様を見つめている〈わたし〉の意識の流れを、端然と美しい日本語で記録した〝ただそれだけ〟の小説なんです。でも、その〝ただそれだけ〟がどれほど深い「悼む」行為になっているか。熱烈推薦いたします。

2022.11.6

女性だけが責任を負わされる妊娠・出産を描いた中国大河小説

2022年、文芸出版において多くの話題になったのが「フェミニズム」と「ジェンダー」。韓国のベストセラー『82年生まれ、キム・ジヨン』の翻訳や、文芸誌の特集企画の成功などで日本での勢いも加速し続ける。100年にわたる中国における社会の変遷を女性の身体と視線で描く大河小説も翻訳出版された。

今から20数年前のある朝、わたしは1本の電話で目を覚ましました。

「キタカタです」

「はぁ、どちらのキタカタさんでしょうか」

「日本推理作家協会理事長の、キタカタケンゾーです！」

魅惑の低音ボイスから放たれたその名前に、おののいたのは言うまでもありません。なにゆえ、わたしごとき三下ライターに流行作家の北方謙三氏が電話をかけてくるのだ。苦情か？　身に覚えはないけれど、苦情なのか？　怯えるわたしの耳に入ってきたのは、しかし、江戸川乱歩賞のいわゆるひとつの下読み委員をやってほしいという依頼なのでした。

「ご存じのように、この業界には女の評論家が少ないんですよ。ですからね、あなたにも女ならではの感性でこれまでにないような作品を見つけていただきたいんですなっ」

自分はミステリーに関する教養が低いことを理由に、謹んでご辞退申し上げ続けるわたしに、「あなたに断られると、理事長としてのメンツが云々」としつこく受諾を迫る御大。困惑する三下ライター。押し問答で経過していく永遠とも思える時間。ついに放たれる、御大からのキラーフレーズ。

「あなたはご自分のことを雑読だから乱歩賞の下読みとして適切でないとおっしゃいますが、それでいいんですよ。今や、ＳＦもミステリー、時代小説もミステリー、純文学だってミステリーという時代なんですからっ」

すべての小説がミステリーと言い切る御大の勢いに押され、30分間にも及ぶ「やれ」「やらない」の攻防の末、ついに下読み委員を引き受けることになったトヨザキだったのですが、なにゆえ、こんな昔話をしたのかといえば、１９９０年代はそのくらいミステリーに勢いがあったということが言いたかったんであります。

極端な話、「帯にミステリーと謳えば売れる」とまで言われていたほどで、じゃあ、今、往時のミステリーの勢いに相当するのが何かといえば、売れ行きは別として話題になりやすいのは「フェミニズム」と「ジェンダー」ではないでしょうか。

２０１７年、ハリウッドの大物プロデューサー、ハーヴェイ・ワインスタインによるセクシャルハラスメントの告発をきっかけに世界的に広まった「#MeToo運動」。同年、川上未映子責任編集で話題になった『早稲田文学増刊　女性号』（筑摩書房）の刊行。18年、韓国でベストセラーになったチョ・ナムジュ『82年生まれ、キム・ジヨン』（斎藤真理子訳　筑摩書房）の訳出。19年、新編集長に就任した坂上陽子氏による「文藝秋季号　韓国・フェミニズム・日本」（河出書房新社）の文芸誌としては異例の重版出来。以来、現在に至るまで国内外のフェミニズムやジェンダーに関する小説や評論集が多々刊行され続けているのが、現在の出版状況なのです。

というわけで、今月紹介したいのが、帯に「ノーベル文学賞作家・莫言が〝大胆不敵な才能〟と称する、今もっとも勢いのある女性作家が放つ現代中国フェミニズム巨編」とある、盛可以《ション・コーイー》の『子宮』（河村昌子訳　河出書房新社）です。中国湖南省益陽の農村に生まれた初家《チュー》の4世代の女性の生き方を描くことで、中国における１００年以上に及ぶ社会の変遷を女性の身体と視線で貫く大河小説になっています。

登場する主要女性キャラクターは以下の通り。

戚念慈（チー・ニエンツー）

ひとり息子の初安運（チュー・アンユン）亡き後、ゴッドマザー的存在として初家に君臨。２０００年の元日に１０５歳で大往生を遂げる。

呉愛香（ウー・アイシアン）

初安運の妻で六女（五女は夭折）一男をもうける。末っ子にして待望の男児・初来宝（チュー・ライバオ）を産むと子宮リングを入れた。晩年はアルツハイマー症をわずらい、2017年に亡くなる。

初雲（チュー・ユン）

1965年生まれの長女。若気の至りで、怠け者の上にマザコンの男と結婚し、一男一女を産んだ後、湖南省の政策に従って20歳で卵管結紮《けっさつ》手術を受ける。40歳の時に浮気相手と結婚するために卵管開通手術を受けようとするも、ある啓示によって断念し、以降、農村の嫁という立場を振り切って、町で新しい人生を歩み始める。

初月（チュー・ユエ）

1966年生まれの次女。五人姉妹の中で一番の美人だったが、幼い頃に熱湯でやけどを負ったため、〈頭の半分がギョッとするピンク色の禿げになって〉しまった。17歳の時、後に風水士として名を上げ財をなすことになる葬儀屋の王陽冥（ワン・ヤンミン）に見初められて結婚。仲睦まじい夫婦となり、ふたりの息子を授かったのち、やはり卵管結紮の手術を受ける。

初冰（チュー・ビン）

三女（生年が小説中で明らかにされていない）。写真館を営む傷痍軍人と結婚して鎮（村に対して町のような行政区）に移住し、都市戸籍を得る。器量は良くないものの、明るく人好きがする気質によって思わぬ商才を発揮することになり、夫の写真館を大きくしたばかりか、広州でバッグの店を開くまでになる。その広州で好きになった男のため、男児を出産した後に装着した子宮リングをはずそうとして失敗し、子宮を摘出するはめになる。

初雪（チュー・シュエ）

１９７０年生まれの四女。農村を離れ上海に行き、自力で学業を修めた後、大学で教えるまでになる。しかし、33歳の時に妻帯者と愛し合って妊娠。堕胎手術を受けたため、二度と妊娠できない身体になってしまう。その後、２歳年下の財経ニュースの編集長と結婚し、フェミニスト・アーティストとして有名になるものの、夫が若い女性との間に子供を作ってしまい――。

初玉（チュー・ユー）

１９７５年生まれの六女。北京大学に進学して医師になり、実家と疎遠に。姉たちが受けた子宮リングの装着手術や卵管結紮手術によってトラウマを受け、妊娠・出産に対して深い嫌悪感を抱いて育つ。40歳目前で、同業の医師にして理想の男性・朱皓（ジューハオ）と巡り合うも、ふたりの間には、初玉の父親&祖母と朱皓の両親にまつわるある因縁が横たわっていることを知り――。

初秀（チュー・シウ）

知的障害のある長男・初来宝（チュー・ライバオ）がもうけた娘。自由奔放明朗快活な性格の持ち主で、16歳の時に妊娠。その一大事をめぐって、彼女の伯母にあたる五姉妹の話し合いが紛糾することになる。

以上8人の女性の生涯を軸とした物語の中に、5人姉妹の亭主たちのプロフィールやエピソードを盛り込んでいるんですけど、その語り口が見事なんです。出来事を単純に年次で紹介するのではなく、人物が人物を呼び、エピソードがエピソードを連れてくる式につなげていき、その中で、子宮にだけ負担がかかり、女性だけが責任を負わされる妊娠・出産にまつわるあれこれを手を変え品を変え変奏する。全体的には良くできたロンドのような構成になっているんです。

登場人物一人一人の人生が時に笑いも連れてくる闊達な声で物語られていくので、ページを繰る指が止まらない。そんな読んで楽しめる大河ドラマが、中国政府による「一人っ子政策」をはじめとする計画出産政策に翻弄される女性の身体や性欲、剝奪された地位と権利の問題までも俯瞰。

〈湿った通路を中に向かい、さらに上へ、子宮頸、子宮、卵管と卵巣、そして毎月面倒を起こすやんちゃな卵胞を通過して、Uスポットを巡って、後ろへ下へと回ってきて、会陰と肛門に到達する。これらの部位は大量の骨盤底筋と無数のシグナルを伝える神経回路にコントロールされていて、このシステムと比較すると、現代化された国際大都市の高速道路など、まったくリラクゼーション用のお散歩コースにすぎない。〉といった、様々なトーンで描かれる女性の身体についての記述も個性的な上に、盛可以という小説家は比喩表現も抜群に巧みなんです。

〈一冊の良書に、ただ一人の読者がいて、読みながら傍線を引いていき、最後には傍線でいっぱいにして、箱の底にしまい込み、他人と分かち合いたくないのと似て、初月はまさにそういう傍線でいっぱいにするに値する本だった。〉

そんな引用に値する文章をそこかしこに見つけることができるのが、この大河小説なのです。わたしが持っている『子宮』にも傍線と付箋がいっぱいついているのは言うまでもありません。

……あ！　そういえば、この小説、初雪と初玉の人物紹介のところでオチを明かさないように配慮したふたつのエピソードがミステリー仕立てになってる!!　北方謙三御大、あなたの言うとおりなのかもしれません（笑）。

2022.12.11

年のとり方がわかりません！

身体の老いは実感できていても、精神年齢は低いままという人も多いのではないだろうか。近くによい歳の取り方をしている人が見当たらないという皆さんに、そうそうたる33人の老いにまつわる文章が収められたアンソロジー『作家の老い方』をオススメする。

61歳にもなってお恥ずかしい次第なのですが、年のとり方がよくわかりません。

毎朝洗顔で鏡を見るたびに、「老けたなー」と思いますすし、睡眠が持続しませんし、50歳を超えたあたりからバーの薄暗い照明では本が読めなくなってしまいましたし、足腰は弱まりましたし、へんなところで躓いてびっくりしたりしますし、小説のタイトルや作者名が出てこない時がありますし、以前ほど牛飲馬食できなくなったり、集中力が続かなかったり、体力がもたなかったり、つまり身体の老いは実感してるんです。

でも、頭の中がその老いに追いついていかない。

若い世代が着るような服を平気で身にまとい、アイドルのライブに行ったり、下手の横好きバンドを組んでいたり、孫ほども年が離れた新人小説家の作品に共感したり、フィギュアを集めたり、人気漫画の『映像研には手を出すな！』の金森氏リュックを背負ったり、流行りのアニメを視聴したり……。

昔の60歳って、こんなんじゃなかったと思うんですよ。外見に見合うように、中身もちゃんと老けてたような気がするんです。小津映画における笠智衆さんみたいに。

別に年をとるのはいいんです。わたしは「若さ」にそんなに重い価値は置いていないので。にもかかわらず、身体の老いに頭が、というか感覚が、ついていかない。なんか、こう、まずいんじゃないかと思う今日この頃、しかし、ロールモデルが身近にいない。そんなわけで、つい本に助けを求めてしまう性分から手に取ったのが『作家の老い方』(草思社)というアンソロジーだったんであります。

芭蕉(俳人)、あさのあつこ(作家)、角田光代(作家)、向田邦子(作家・脚本家)、井上靖(作家)、河野多惠子(作家)、山田太一(作家・脚本家)、古井由吉(作家)、佐伯一麦(作家)、島田雅彦(作家)、谷崎潤一郎(作家)、筒井康隆(作家)、金子光晴(詩人)、萩原朔太郎(詩人)、堀口大學(詩人・仏文学者)、杉本秀太郎(作家・仏文学者)、富士川英郎(独文学者)、吉田健一(作家・批評家)、松浦寿輝(詩人・作家・仏文学者)、谷川俊太郎(詩人)、室生犀星(詩人・作家)、木山捷平(詩人・作家)、吉行淳之介(作家)、遠藤周作(作家)、吉田秀和(音楽批評家)、河野裕子(歌人)、森澄雄(俳人)、中村稔(詩人・弁護士)、穂村弘(歌人)、倉本聰(脚本家)、鷲田清一(哲学者)、中井久夫(精神科医)、太田水穂(歌人・国文学者)。

そうそうたる33名による「老い」にまつわるエッセイや詩歌が収録されているのだから、何かしらうまい年のとり方のヒントがもらえるのではないかと思った次第。『QJ Web』の読者は若い方が多いのかもしれませんが、誰でも年はとります。先達の経験や教示に触れてみるのもいいことなんではないでしょうか。なんちて。

33篇を読んで思うのは、「老いに対する姿勢や考え方は当たり前だけど色々だなあ」ということです。

河野多惠子の〈自分の終着駅について考える時、せっかく逝《ゆ》くのだから、それが少しは毛色の変ったものであってほしい気持が、かねて私にはある〉という一文に痺れる、とか。

芭蕉の句「けふばかり人も年よれ初時雨」を引きながら〈それにしても、今日ばかり人も年寄れとは、佳い言葉だ。若い人の内にも老いの境地はある。鉄道の引き込み線みたいなもので、無用なようで、なければ窮する〉という境地を披露する古井由吉の名文に感嘆する、とか。

米寿を迎えても胃腸が丈夫だから夕方になると山海の珍味を肴に錫のチロリで酒をたしなむ堀口大學や、教授を退官後は、〈読み、書き、散歩〉の日々を送っていると綴る富士川英郎の老い方は羨ましいとは思うけれど、金も地位も名誉もない自分には到底届かないな、とか。

信号機の赤から青になる時間や汽車の停車時間が短くて老人では間に合わない、新聞の字が読みにくい、無自覚に水洟《みずばな》を垂らしていることがあって恥ずかしいと、自分の老いを自虐的（つまり客観的）に語る谷崎潤一郎の佇まいは参考になるな、とか。

自分なんかこの年になっても、水商売ではない〈若いお嬢さん〉から〈ラポール〉（トヨザキ註・精神的に依存する人物への愛だそうです）を抱かれると自慢して、老人になっても色気を維持しなくちゃいけないけど不倫はいけませんと書く筒井康隆にげっそりする、とか。

若さよりも老いを上位に置き、その理由を屁理屈こみで延々と説き続ける、いかにも吉田健一といったくどい文章にニヤニヤしてしまう、とか。

淋しさの達人である室生犀星の詩「老いたるえびのうた」の最後の1行〈からだじうが悲しいのだ。〉に、からだじうが震えたり、とか。

たくさんの老いにまつわる短歌や俳句、詩を挙げる中村稔の随筆を読んで、昔好きだったのにすっかり忘れてしまっていた宮柊二の短歌（たとえば〈物忘れしげくなりつつ携えて妻と行くときその妻を忘る〉）と再会して胸震わせる、とか。

中井久夫の「老年期認知症への対応と生活支援」という随筆のような論文を読んで、認知症に気づいてくれるような身内的存在がいない我が身を思って恐怖を覚える、とか。

とまあ、いろいろな気づきや共感や発見があるアンソロジーなんではありますが、読み物として断然おもしろいと思ったのは萩原朔太郎の「老年と人生」と、吉行淳之介の「葛飾」ですね。

〈老いて生きるといふことは醜いことだ〉と思った朔太郎少年は〈三十歳になったら死なうと思つた〉のですが、30歳になると〈せめて四十歳までは生きたい〉と思い直し、〈四十歳まで生きてゐて、中年者と呼ばれるやうな年になつたら、潔よく自決してしまはうと思つた〉のに〈今では五十歳の坂を越えた老年になつてゐ〉て、〈やはりまだ生に執着があり、容易に死ぬ気が起らないのは、我ながら浅ましく、卑怯未練の至りだと思ふ〉という自虐から滑り出すのが「老年と人生」。

でも、「しかし」と朔太郎は続けるのです。老いというのもそれほど悲しいものではない、と。なぜならば、若い時分の〈性慾ばかりが旺盛になつて、明けても暮れても、セックスの観念以外に何物も考へられないほど、烈しい情火に反転悶々と〉し、〈そんなはけ口のない情慾を紛らすために、僕等は牛肉屋へ行つて酒をあふり、肉を手摑みにして壁に投げつけたり、デタラメの詩吟を唄つて、往来を大声で怒鳴り歩いたりした〉あの苦しみから解放されたのだから、と。

この、性慾がいかに苦しかったかエピソードは幾度も繰り返されるんですけど、そのたびに大笑い。詩集『月に吠える』や小説『猫町』の朔太郎が、こんなにも性慾で！　もうこれまでとは同じ目で朔太郎作品が読めなくなる。それほどのインパクトを備えた名随筆と、トヨザキは思います。

吉行淳之介の「葛飾」は短篇小説として読んでもよく出来た好篇です。

腰痛で腰掛けている姿勢を続けることが難しい吉行が、知人から薦められた葛飾にあるというカイロプラクティック〈整肢整体研究室〉に、世田谷の自宅から3時間かけて通うことになった顚末を描いているだけなんですが、実に味わい深いのですよ。

予約を取るのが困難なくらい人気があるその研究室の老先生の怪しさが、「怪しい」と表現されていないのに、読んでいるこちらにビンビン伝わってくる。吉行自身、施術されてもまったく良くならないし、むしろ状態は悪化していくばかりだから、行くのはもうやめようと思うのだけれど、思いながらも〈すべての西洋系の薬を切って〉通い続けてしまう。

腰痛も皮膚のほうの疾患も何も良くならないまま通い続ける吉行。行くたびに、吉行に20枚もの色紙を書かせる老先生。そうした主筋の合間に挿入される、かつて身体を交わした女性とのエピソードや、自宅から5分のところにある有名な整体の先生の家の話。

車の運転も困難なほど病状が悪化して、吉行はやっと元のように西洋医学の治療を受けることに切り替えるのですが、その3年後を報告するラスト5行が、なんだかとてもいいんです。子供のころから病弱だった吉行淳之介だからこその老いのありようを伝えて、なんだかとてもいいんです。

このアンソロジーを読んで、年のとり方がわかったかといえば、わかりません。相変わらず途方に暮れております。結局、自分の老いは自分だけのもので、他人様の体験を借りることはできないのですから、当たり前の話ではあります。でも、このところの自分自身にまったく興味が持てないがゆえの鬱々とした気分は少し晴れました。でもって、一大決心をいたしました。来年か再来年、今の家（マンション）を売っぱらって、大多数の蔵書もうち捨てて、心機一転新しい場所で生き直すつもりです。凶と出るか吉と出るか、わかりませんが、それが自分の老いの道かなあ、と考えたりしているのです。

IV 2023

2023.1.12

第22回ワールドカップ日本代表に見立てて《2022年最強文芸ベスト11》

年始恒例企画「スポーツの見立てで紹介するベスト本」企画。2022年といえばもちろんサッカーワールドカップの日本代表選手。大活躍の選手を見立てた本のベストイレブンを発表する。

この連載を始めて以来、年頭に続けている「見立てで紹介する前年読んだオススメ本」企画。2021年は福岡ソフトバンクホークスのスタメン（バカ強いホークスに負けない！《2020年最強文芸ベストテン》）、2022年は青山学院大学の駅伝メンバーになぞらえて（箱根駅伝・青学チームにも負けない《2021年最強文芸ベストテン》）、小説を紹介してきたわけですが、今年取り上げるのは、もちろんワールドカップの日本代表選手です。

とはいえ、サッカーに関してはにわか仕込みの見識しか持たない身ですので、通の方からすれば「ケッ」てな選手選択や紹介になってしまうかもしれません。「小説オタクがサッカー人気に便乗してなんか言っておるな」程度のぬるーい目で読んでいただけると幸いです。

紹介するのは、昨年この欄で紹介できなかった小説の中から選んだ11作品。常ならぬ長文になってしまうことが予想できますが、おつきあいいただけたら嬉しいです。

■権田修一は『地図と拳』

まずは、GKの権田修一選手。対ドイツ戦における4連続シュートのスーパーセーブには心拍数爆上がりでしたが、2022年の日本文芸界にもいるんですよ、そんな絶対守護神が。第168回直木賞の絶対受賞作（トヨザキ註・この原稿を書いたのは1月10日で、受賞作が発表されたのが1月19日。で、実際受賞しました）、小川哲の『地図と拳』（集英社）です。

1899年の夏。満州を勢力下に置き、朝鮮と台湾に手を伸ばすことで日本の脅威になりつつあった帝政ロシアとの開戦の可能性を調査することを命じられた高木が、通訳の細川を伴って、ハルビンを目指す船の上にいる光景から、50余年に及ぶ長い物語は滑り出します。高木はやがて起こる日露戦争で凄まじい戦死を遂げることになるのですが、弱々しい21歳の大学生として登場する細川は、満州を主な舞台に展開するこの物語の最重要人物として今後幾度も現れることになるんです。

科挙に5回落ちるも説話人として人気を博すようになり、やがて李家綱という集落の屋敷を買い取り、その主である李大綱になりすますことに成功した周天佑。大学で地理学を学んだせいで満州に鉄道網を広げるための地図作りの任につき、後に現地に残って布教を命じられることになるロシア人の宣教師のクラスニコフ。神拳会という新しい武術の過酷な修行の末、〝死なない〟肉体を手に入れて自らを「孫悟空」と名乗り、やがて李大鋼を殺して李家鎮（後に仙桃城と改名）を我が物にする楊日綱。黄海にあるとされる青龍島という小さな島が実在するかを調べることになり、その報告書の素晴らしさに目を留めた細川によって満鉄に引き抜かれ、〈満州という白紙の地図に〉〈理想の国家を書きこむ〉仕事に就くことになる須野。須野の息子で、人間計測器ともいうべき異能を発揮することになる天才・明男。孫悟空の血のつながらない末娘にして抗日戦士である丞琳。日本と天皇陛下のために〈修羅〉になることも辞さない憲兵の安井。仙桃城を満州民族、漢民族、日本人、ロシア人、朝鮮人、モンゴル人、争いの歴史によって犠牲になったすべての死者が共生できる〈虹色の都市〉にしたいと願う細川。

などなど主要登場人物だけで20名は下らない面々が、中国東北部は奉天の東にある町・李家鎮／仙桃城で、満州国の消滅と日本の敗戦へと至るまでの年月を、それぞれの運命と使命を交錯させながら生き抜いていく。立場や思想信条を違える人々の姿を描いて、重層的な物語になっているんです。

作者は、戦争中に起こったあらゆる事柄を相対化し、さまざまな運命や使命を帯びた大勢のキャラクターの声に公平に耳を澄ませます。地図と拳のロジックを五感をフル稼働させて考え抜いていています。個性際立つキャラクターたちの蠱惑的なエピソードをこれでもかと投入し、史実に空想というアレンジを加え、「現代から過去の歴史を総体的に見直すことで、２０２２年に生きるわたしたちの未来を視る」という壮大なモチーフを変奏した傑作歴史小説なのです。

■長友佑都は『水平線』

続いてＤＦ陣。

若い選手を鼓舞し続けた長友佑都選手に見立てたいのが、わたしが昨年読んだ日本の小説の中でもっとも目を瞠った「ブラボー！」な長篇小説、滝口悠生『水平線』（新潮社）です。

両親の離婚によって名字を違える2歳差の兄妹、横多平と三森来未。『水平線』は、このふたりが経験する時空を超えた不思議な出来事の数々を通して、太平洋戦争末期に激戦地となった硫黄島に生きた人々の姿を今に蘇らせます。

東京オリンピック開催で盛り上がっている2020年夏。祖母の妹で、1968年の秋に蒸発して行方も生死も定かではない八木皆子からの〈おーい、横多くん〉から始まるメールに誘われるように、小笠原諸島の父島を訪れた平。

新型コロナウイルスの蔓延によって、東京オリンピックが延期になった2020年夏。祖父の末の弟で、1944年に硫黄島で亡くなった三森忍から〈ああもしもし、くるめちゃん？〉と電話がかかってくるようになった来未《くるみ》。

1944年、硫黄島を対アメリカ戦局において要塞化するため、内地に強制疎開させられた硫黄島の住民たち。終戦後はアメリカの施政下に置かれ、１９６８年に日本に返還されたものの、今に至るまで元住民の帰島は許されていません。平と来未の祖父・和美と祖母・イクは疎開組だったのですが、和美の弟である達身と忍は軍に徴用され島に残って戦死したのです。

でも、そうした硫黄島で起きたことや祖父母世代の体験を、現代に生きる兄妹の目を通して描くという、よくあるわかりやすい語りを作者はとっていません。東京オリンピックが開催されている世界と、新型コロナウイルスが猛威をふるっている世界。ふたつの異なる世界線で、平と来未はスマホを通して死者と交信し、祖父母の世代が経験した戦争を体感していくことになります。生者と死者が時空を超えて語り合うばかりか、時に両者の意識は混ざり合い、死者たちの記憶もまた他の死者のそれとシンクロしと、いくつもの語りのレイヤーを作り出す手際が自然すぎて、読んでいるうちに、そこで起きる不思議の数々を不思議と思わなくなっている自分に気づく。そんな稀有な体験にいざなってくれる語り口になっているんです。

大勢の声がさまざまなトーンで聞こえてくるポリフォニックなこの物語からは、水平線の向こうにもある海、どこへだってつながっている海、その海が象徴する自由を希求した戦時下の若者の思いがビンビン伝わってきます。硫黄島のかつてと今の姿や、そこで起きたこと起きてほしかったこと、島の人々の生と死が渾然一体となって語られていく最終章は圧巻のひと言。あまりの素晴らしさに、トヨザキ落涙いたしました。

■吉田麻也は『雨滴は続く』

日本人離れしたフィジカルの強さを誇りながらも、コスタリカ戦で見せたやらかしなど、時に大ポカをしでかしてしまうキャプテン吉田麻也選手。その毀誉褒貶ぶりに重ねてしまうのが、文壇最後の無頼派として2022年2月5日に急逝した西村賢太の未完の遺作『雨滴は続く』（文藝春秋）です。

この小説で描かれているのは、同人誌に掲載された「けがれなき酒のへど」が2004年に「文學界」に転載されてから、芥川賞に初ノミネートされるまでの約2年間。物語にはふたつの柱があって、ひとつは職業作家になっていく過程と、もうひとつは「おゆう」こと川本那緒子と北陸の地方新聞社の記者・葛山久子を両天秤にかけて、結局一兎をも得ずの顛末です。後者にはいつもながらの賢太節が炸裂していて――。

ただで女体にありつきたいがために恋人が欲しいと熱望していたら、自称31歳のデリヘリ嬢・おゆうと出会い、狙いを定める。↓2回目に呼んだ時、デートをしてくれと懇願する。↓そんな折り、没後弟子を名乗って崇拝している藤澤清造の月命日で訪れた石川県の菩提寺で20代の新聞記者・葛山久子に一目惚れ。↓おゆうのことはどうでもよくなり、〈あんな淫売ババアは、所詮、ただのババア淫売である〉と酷い言い草。↓一方、久子には新進作家としての自分をアピールするために、書いたものが掲載されている文芸誌などを送りつけるも、事務的な礼状しかこない。

そっけない絵はがきが来るにいたってついに〈間の抜けた口臭女めが！〉と怒り爆発。↓やっぱり自分にはおゆうしかいないと思い直し、交際を申し込む。↓ところが小説執筆依頼が来ると、おゆうに会いたいという気持ちは消え失せ、葛山久子の面影が蘇る。新進作家の自分には高学歴の葛山のほうがふさわしく、お金の面でも頼りになると妄想。↓おゆうからの連絡は一切無視。↓しかし、書評や小説の掲載誌を送っても葛山からは返事がこない。↓人恋しさから〈おゆう、復活！〉となるも、着信拒否されているのか連絡することができない。

と、相変わらずの女性の敵っぷりを発揮しまくるこの展開が、苦笑失笑爆笑を巻き起こすんです。一方でプロの小説家になっていく過程を描くくだりでは、これまでになく執筆方法や小説観を明かしていて、西村賢太の作家としての貌を垣間見ることができる。自分の卑小さや下劣さと向き合い、偽悪的なまでに描ききる賢太の私小説が、いかに細やかな計算と巧緻なテクニックで成立しているかがよくわかる、最高傑作といっていい出来映えになっているんです。

芥川賞受賞までが描かれたかもしれないこの作品で、賢太は自分の文章を「雨滴」になぞらえています。だけど、その雨滴はもう続くことがない。慊《あきた》りない。慊りないったら慊りない！

■谷口彰悟は『陽だまりの果て』

31歳でW杯初出場（しかもスペイン戦デビュー！）を勝ち取った遅咲きの花にして、ハイブランドのモデルにも起用されたイケメン谷口彰悟に見立てたいのは、２０１３年に55歳で作家デビューし、変幻自在の美しい文章表現が見事な大濱普美子の短篇集『陽だまりの果て』（国書刊行会）です。

〈廊下を、人気のない廊下を、ずっと奥のほうへと辿っていったところに、陽だまりがある。いつもそこのところに立ってじっと見ているのではないが、ほんとうはそこにそうして立って、じっと見ていたいのだが、ずっと奥の行き止まりまで行けば、いつもそこにある。

廊下の、少し薄暗い廊下の奥の行き止まりのところに扉があって、やけに頑丈そうなその扉の上半分に、分厚くて丈夫そうな硝子が嵌まっている。その分厚くて丈夫そうな硝子板から陽が入って、廊下のつるりとした床の上に陽だまりが落ちている〉

冒頭のこの文章が異文（ヴァリアント）として幾度か繰り返される表題作「陽だまりの果て」は、施設に入居している〈ナカヤマさん〉と呼ばれる老人が、この陽だまりが射す場所に引き寄せられるように過去へ過去へと呼び戻されるという老境小説です。

ヴァリアントのスタイルで繰り返される老いの心境を、作者はナカヤマさんの目に映る現実の描写と幻想の光景の描写、双方ともに唯一無二といっていい表現力によって伝えてみせます。引用の誘惑に駆られる見事な文章の連なり。それを無心にたどっていく目の快楽。

そういうバリバリの純文学作品だけでなく、少女小説、シスターフッドもの、オートフィクション〈海外における私小説のようなもの〉、ＳＦと、さまざまな意匠と表現の多彩と多才に驚かされる六篇を収録した作品なんです。

■板倉滉は『見果てぬ王道』

イングランド、オランダ、ドイツのチームを渡り歩いてステップアップし続けている対人守備に強い板倉滉選手には、人間を見る眼差しが深い川越宗一の『見果てぬ王道』〈文藝春秋〉を当てはめてみます。

力で人を従わせる者が覇、仁で人を集める者が王。〈西洋の覇道に、東洋は王道をもって向き合うべし〉という志をもって、清王朝を倒し共和国を作る革命を起こそうとしている孫文と出会って惚れ込み、物心ともに支える人生を歩んだ稀代の実業家・梅屋庄吉にスポットライトを当てることで、日本と中国の歴史を、政治と軍事ではなく民事として描いた歴史小説になっています。

長崎の貿易商・梅屋商店の養子に入り、ありあまる情熱を何に注げばよいかわからないまま懊悩する十代を過ごした後、アメリカ留学を決意するも船が転覆し、九死に一生を得る。商売に失敗し、逃げるように渡ったシンガポールで写真館を開き、香港に拠点を移すとそれが大成功。そこで出会った孫文と生涯の友情を切り結ぶ。

アメリカ行きの船の中で親しくなった清国の青年がコレラに罹り、生きたまま海に放りながられるのを止められなかった悔しさを、強者が弱者に対して成す理不尽への怒りを、常に胸に抱き続けた。だから、孫文ばかりかフィリピンの独立運動の支援もし、そのためにガンガン金を稼ぎ、ピンチをチャンスに変えていきつつ、日活の前身となる映画の興行会社を設立。やがては政財界の大物と対等に渡り合える日本有数の富豪になるという、波瀾万丈にもほどがある庄吉の人生に圧倒されること必定です。

庄吉だけではありません。彼と関わる人々、とりわけ女性陣の魅力も一読忘れがたい強い印象を残します。庄吉にものの道理と倫理を教え込んだ母のノブ。シンガポールで出会い、写真館を共同経営することになった元娼婦の登米。大きな体で家事や子育てにきりきりと働く妻のトク。孫文の晩年を公私ともに支えた、年若く聡明な妻の慶齢。

作者は、正義と王道の実現にはやる主人公を、女たちによる別角度の視線からも描くことで、この物語を単なる英雄礼賛譚とは異なる、生身の人間のきれい事ばかりではない奥行き豊かなヒューマンドラマに仕上げているんです。

■遠藤航は『シャギー・ベイン』

お次は、MF陣。

ユーティリティプレーヤーとして献身的なふるまいが美しい遠藤航選手にぴったりくるのは、ダメな母親を支え続ける主人公のアダルトチルドレンぶりが切なくて胸をえぐるダグラス・スチュアートの『シャギー・ベイン』(黒原敏行訳　早川書房)です。

舞台となっているのは、イギリスはスコットランド最大の都市グラスゴーの貧困地区における1981年から92年までの12年間。主人公少年シャギーの5歳から17歳までの日々が綴られていきます。

シャギーの母アグネスは往年の大女優エリザベス・テイラー似の美人なのですが、キャサリンとリークというふたりの子供までもうけた実直な夫に退屈しちゃって、ワイルドな魅力をまとうタクシー運転手シャグと駆け落ちし、再婚するんです。こうして生まれたのがシャギーなのですが、シャグは女癖が悪く、おまけに粗暴。アグネスは浮気に耐えかねて離婚し、そのつらさから逃れるようにアルコール依存症になってしまいます。

アグネスの両親が住む低所得者向け高層アパートメントでの肩身の狭い同居、閉鎖された炭鉱町のみすぼらしい集団住宅での惨めな暮らし。生活保護のようなお金が入ってきても、酒に変えてしまうアグネス。そんな母親であっても愛することをやめられないシャギーは、やがてヤングケアラーとして成長していきます。

貧富の差を拡大した悪名高きサッチャー政権時代を背景に、男性優位主義がはびこるマッチョな炭鉱町で、「ナヨナヨするな」といじめられて育つシャギー。姉と兄が家を出ていけば、泥酔しては自傷行為をはかる母親をひとり見守り続けるシャギー。母と子の間に存在する他の何にも似ていない絆、美しいばかりではなく時に醜悪だったり歪だったりもする紐帯という特別な関係がまとう光と闇の落差をこれほどまでに鮮やかに描ききった作者の筆力に舌を巻く一作です。

■田中碧は『喜べ、幸いなる魂よ』

豊富な運動量とずば抜けた判断力で、相手にボールを渡さないプレースタイルが魅力の田中碧選手にふさわしいのは、日本が世界に誇るべき小説家、佐藤亜紀の『喜べ、幸いなる魂よ』（KADOKAWA）です。

舞台となるのは18世紀半ばのベルギーはフランドル地方です。ヤネケとテオは亜麻糸商として成功した父ファン・デール氏と、しっかり者の母のもとに生まれた双生児。好人物のファン・デール氏は共に商売を始めた盟友が亡くなると、その息子ヤンを引き取り、ヤネケとテオとヤンの3人はきょうだいのように育てられていきます。

とてつもなく頭が良く、知的好奇心旺盛なヤネケ。人気者のテオ。慎重派のヤン。一度関心を抱くと徹底的に追究しないではいられないヤネケは、14歳になるとヤンを誘って性交に夢中になり、やがて妊娠してしまいます。ところが――。

信仰熱心な単身女性たちが同じ界隈に集まって自活しながら貧者や病者を助ける、互助会のような組織「ベギン会」に入っている叔母のもとで出産するも、我が子が里子に出されようが平気の平左。ヤネケを心底愛していて、しかるべき年になったら彼女と結婚し、子供を一緒に育てたいというヤンの願いもむなしく、ベギン会での生活が気に入ったヤネケはそこで研究に没頭し、女である名前では門前払いを食わされるからテオの名を借りて論文を発表するようになります。母性や女性性に無関心で、ヤンの手助けはしながらも妻になりたいとはさらさら思わないヤネケ。ヤネケと一緒になりたいという思いとヤネケが夢中になっていることを邪魔したくない気持ちの間でもやもやを抱き続けるヤン。

このふたりの50年近くにわたる関係を軸に、女性と自活、ミソジニー（女性嫌悪）が生まれるメカニズム、男と女の理想的な関係、知識や教養が持つ意味、産業の発展による搾取の構造の変容といった現代にも通じる複数のテーマが、趣向に富んだ物語の中で展開されていくんです。

ヤネケの自由を尊重したヤン。功名心のかけらもなく、自分の名で本が出版されないことにも〈知識なんて別に誰のものでもないんだし、正しい筋道は誰が言ったって正しい筋道だからね〉と涼しい顔をしながらヤンの手助けもし続けたヤネケ。恋愛よりも尊い、人間同士の友愛の関係を深めていったこのふたりの姿は、国や人種、性の違いを超えて普遍的な理想形です。でも、ヤネケから育児放棄された息子はというと……。このキャラクターがどう育っていくかも楽しみに読み進めていってください。

■三笘薫は『異常 アノマリー』

「1ミリの奇跡」と呼ばれるパスで幼なじみ田中選手の決勝弾を導いたドリブルの魔術師・三笘薫選手には、トンデモSFまであと1ミリというギリギリの線で傑作になりえているエルヴェ・ル・テリエ『異常アノマリー』(加藤かおり訳 早川書房)を重ねます。

この作品、まずは一見関係がなさそうな人々のエピソードを描くところから始まります。良き家庭人である裏に凄腕の殺し屋の顔を持つブレイク。43歳のパッとしない小説家ミゼル。映画の編集をしている美しきシングルマザーのリュシー。彼女に執着している初老の建築家アンドレ。病気の妹の治療費を稼ぐためにきな臭い製薬会社の顧問弁護士を務めている弁護士のジョアンナ。ヒップホップスターのスリムボーイなどなど。

彼らの共通点は2021年3月、エールフランス006便で、凄まじい乱気流に見舞われるも生還を果たしたこと。ところがその3カ月後、同じ乗員乗客を乗せた旅客機が出現するんです。つまり同一人物が2パターン存在することになったということ!

物語後半は、科学から宗教まであらゆる叡智を結集して、この現象の謎を解き明かしていくのですが、トンデモギリギリのSFにとどまらず、ミステリー、ノワール小説、理系小説、恋愛小説と、いろんなテキストの読み心地が味わえるのが、本作最大の美点。知的エンタメ小説としてオススメです。

■伊東純也は『鑑識レコード倶楽部』

実はわたしもファンだったりするスピードスター、伊東純也選手には、異様なまでにミニマムでスピーディな文体が特徴的なマグナス・ミルズの『鑑識レコード倶楽部』(柴田元幸訳　アルテスパブリッシング)を見立てます。

フェンス職人トリオが昼はのらくら働き、夜はパブで飲む→何かの拍子で依頼人が死ぬ→「まいいか」と埋めてしまう→別の農場にフェンスを張りに行く→昼はパブで……。この繰り返しが描かれているだけなのに滅法面白い『フェンス』(たいらかずひと訳　DHC)をはじめ、奇妙な作品ばかり書いている作家がマグナス・ミルズです。

凝った文章表現なし、比喩は一切なし。ところが、その無表情かつ速い文章の積み重ねが、なぜか笑いや驚きを生む。書かれていないところに、さまざまな解釈が生じる。『鑑識レコード倶楽部』も、そんな稀有な体験をもたらすヘンテコ中のヘンテコ小説なんです。

〈レコードをじっくり、綿密に聴くことだけを目的にした〉感想や批評を一切口にしてはいけない倶楽部を、ジェームズと一緒に作った〈俺〉。数人の仲間が集まるものの、やがて〈告白レコード倶楽部〉なるものが出来て、人気を博すようになる。それればかりか、ルールに厳密なジェームズを嫌った仲間の一部による分派的な倶楽部まで生まれてしまい――。

登場人物の過去や背景を一切説明せず、中心となるのはただただ膨大な数のタイトルのレコードを聴くシーンばかり。にもかかわらず、この小説は読者を雄弁にさせてしまう。それぞれの倶楽部の鑑賞スタイルは批評のそれに似ているな。倶楽部は政治や宗教、いやあらゆる集団の謂いになっているな。出てくるレコードのタイトルには何かしらの意味があるのではないかな。作者は何も主張してはいないのに、読み手が勝手にあれこれ考察してしまうという、実に不思議な小説。ヘンテコ王ミルズの面目躍如たる一作なのです。

■堂安律は『ブッチャー・ボーイ』

大口を叩きながらも、ちゃんとそれをプレーで証明してみせる。やんちゃさと外野を黙らせる実力を兼ね備えた堂安律選手には、超ド級の反逆児が登場するパトリック・マッケイブ『ブッチャー・ボーイ』(矢口誠訳　国書刊行会)がいいんじゃないかなあ。

〈いまから二十年か三十年か四十年くらいまえ、ぼくがまだほんの子供だったときのこと、

小さな田舎町に住んでいたぼくはミセス・ニュージェントにやったことが原因で町のやつらに追われていた〉

そんな一文から始まる物語の語り手は、精神病院に収容されているフランシー・ブレイディーという中年男です。舞台は、フランシーが子供だった1960年代初頭のアイルランドの田舎町。かつては腕利きのトランペッターとして有名だったのに攻撃的な飲んだくれになり果てた父親と、精神が不安定で時々〈修理工場〉（＝精神病院）に入院させられてしまう母親のもとにあっても、フランシーは親友のジョーと愉快な毎日を送っていました。そんな日々に陰りが射すようになったのは、フィリップ・ニュージェントが転校してきてから。

それまでロンドンで暮らしていたものの、この町出身の両親と一緒に帰ってきたフィリップはコミックブックをたくさん持っていて、フランシーはそれを巻き上げてしまったんです。怒ったミセス・ニュージェントが発したのは〈あんたらはブタよ〉という罵声。それはフランシーにかけられた呪いとなって、以降、物語の中に響き続けることになります。

ロンドンで働いている自慢のアロおじさんが帰ってきたクリスマスに、父親からおじさんが向こうで出世を遂げているなんて嘘だという真実を告げられ、傷心から家出。帰ってきたら母親は自殺していて、フランシーは自分と母に放たれた〈あんたらはブタよ〉という呪いに導かれるように、ニュージェント家に忍び込んでしまうんです。家を荒らし、ウンコをたっぷり残す事件を起こしたせいで、不良少年が収容される矯正職業学校に送られて以降は転落の一途。施設で神父から性的虐待を受け、そこを出て大好きなジョーに会いに行っても居留守を使われてしまう。中学生になったジョーはフィリップと仲良くなっていて、小学校も卒業しないまま肉屋で働くようになったフランシーは、親友の気をひくためにプレゼントを買って待ち伏せするのですが――。

フランシーに見舞う、あるいはフランシーが引き起こす不幸は、これで終わったりはしません。彼の行く末には凄惨な殺人事件が待ちうけています。

貧しいわが家の唯一の自慢だったネロおじさん、ものごころついて以来仲良くしているところを見たことがない両親の幸福に包まれていた新婚旅行のエピソード、大好きな大好きな親友ジョー。フランシーのたった3つの希望がひとつひとつ失われていくさまが、子供の頃の精神レベルのまま中年男になった彼の前のめりな語り口で描かれていく。回想は時系列どおりには並ばず、不安定な心を象徴するかのようにあちらこちらに飛び、物語は狂気と正気、妄想と現実を両輪につけて疾走する。

差別を内在化した社会の恐ろしさ、孤独が生み出す悲劇が読み進めるほどに痛みとなって胸を突いてくる小説。フランシーは21世紀にも存在します。30年前に書かれたとは思えない、今を突き刺す小説なのです。

■前田大然は『ハイドロサルファイト・コンク』

最後はＦＷの前田大然選手。

最高速度36・９㎞という驚異のスピードが持ち味の前田選手に当てはめてみたいのは、スキンヘッドつながりで花村萬月の『ハイドロサルファイト・コンク』（集英社）です。

これは、骨髄穿刺と遺伝子検査の結果、「前白血病状態」との診断を受けた２０１８年3月中旬から、約3年間に及ぶ闘病の日々を描いたノンフィクションノベル。凄まじいという感想しか生まない重い病との戦いの日々が描かれています。

にもかかわらず、〈私〉の記述に悲壮感はまったく見当たりません。やきもきしているのは読んでいるわたしだけで、作者は自身の病状や痛みを観察者のような目で、なんなら好奇心いっぱいの筆致で記録していくんです。

愛読者なら先刻承知のとおり、花村萬月という小説家には、たとえ作品の本筋を壊しかねなくとも、自分が説明したいと思った事柄に関してはとことん語り尽くさずにはおられない偏執狂的な面があります。生きるか死ぬかの瀬戸際に立たされてもこの性癖は変わらず、とてつもない苦痛を伴う治療の過程は言うに及ばず、触れておきたいことを思いつけば、その都度マニアックなまでに緻密なタッチで解説と描写を重ねていくんです。この異様な胆力と集中力はどこから生まれてくるのか！

しかも、そんな壮絶な治療のさなかにあっても5つの連載をこなし、あろうことか新しい小説まで書きだしてしまう。モルヒネによる半覚醒状態のまま、自然科学、宇宙科学、歴史、宗教の教養を総動員し、聖と俗、知と痴、美と醜、慈愛と残酷など相反するものの間を闊達に戯れる筆致で描いた物理の聖典『帝国』のようなマルチバースSFまで書き上げてしまう。まったくもって全身小説家、いや、小説怪獣ですよ、花村萬月は。感動や感銘を通り越して、呆れかえってしまう超異色の闘病記なのです。

2023.2.6

ミャンマーのクーデターから2年。内戦の悲劇に向き合う2冊

2021年2月、ミャンマーで軍が起こしたクーデターから2年が経過した。依然として、民主派勢力が抵抗を続け、多くの市民が拘束され、軍の弾圧はつづいている。混乱が続く国はどこへ向かうのか。『ムチャチョ　ある少年の革命』『ロスト・シティ・レディオ』の2冊から同胞が戦う悲劇を考える。

ロシアによるウクライナ侵攻の陰に隠れてしまい、あまりメディアで大きくは報道されなくなったのが、2021年2月1日に起きたミャンマーのクーデター事件のその後です。国軍が政権を掌握し、ウィンミン大統領やアウンサンスーチー国家顧問らの身柄を拘束。スーチー政権(=文民統制)を打破した国軍は、ミャンマー全土で連日つづいた反軍政デモを力で蹴散らし、今もなお治安部隊は抵抗する市民を拘束し、国軍と武装化した民主派勢力は激しい戦闘をつづけています。

ミャンマーの人権団体によれば、クーデター以降、1万4千人近い市民が拘束され、軍の弾圧によって死亡した人が2千人を超えたとのこと。国際社会の非難や働きかけにもかかわらず、事

態が収束する見通しはまったく立っておらず、犠牲者は増えつづけています。

同胞同士が対立し、血を流し合う……。国家間の戦争も起きてはならない悪事ですが、内戦はそれ以上の傷と禍根を残す悲劇ではないでしょうか。

まず、ミャンマーの民主派の人々を彷彿させる、圧政にあらがい闘う人間の姿を描いた作品から紹介します。エマニュエル・ルパージュのバンド・デシネ（BD＝フランス語圏の漫画）作品『ムチャチョ　ある少年の革命』（大西愛子訳　飛鳥新社）。「ニカラグア、1976年11月」と記された冒頭一コマ目から、目が惹きつけられること請け合いです。

うっそうと草木が生い茂る山道。前景には乗り捨てられ、朽ちていくままになっているジープがあり、後景にはバスの前に並ばされている人々が小さく描かれています。人々に「火を貸してくれないか？」と訊いて回っては、返事に嘘がないかどうか確かめるため口の匂いを嗅いでいるのは、袖に「E・E・B・I（国家警備隊）」という徽章をつけたヴァルガス司令官。やがて、彼はひとりの若い女性の嘘を見破り、彼女のポケットからライターを押収し、「共産党めっ！」とののしって蹴るんです。

なぜ、ライターを持っていたぐらいで連行されなきゃいけないんだろう。ニカラグアという中米の小国の近現代史を知らないわたしのような読者は、日本の漫画とはちがって、絵画に近いタッチで描かれる絵の一コマ一コマに魅了されながらも、最初は首をひねるかもしれません。これは、アメリカ合衆国の支援を受けながら43年間にもわたる圧政で人民を苦しめたソモサ家の独裁政権に対し、反旗を翻した革命軍「サンディニスタ民族解放戦線（ＦＳＬＮ）」の決死の戦いを、ひとりの少年の成長と共に描いた物語なんです。

女性が連行された理由は、マッチ工場を経営していたソモサ一族がライターの使用を禁じていたため。「中米のアミン」と呼ばれたアナスタシオ・ソモサ・デバイレの悪政を読者に瞬時に覚らせる、見事なオープニングシーンというべきでありましょう。

主人公少年の名はガブリエル・デ・ラ・セルナ。ソモサ政権の重鎮の箱入り息子で、聖職者になるべく教育を受けています。絵がとても上手で、ルーベン神父に乞われ、教会に「キリストの受難」をテーマにした壁画を描くため小さな村サン・フアンにやってきました。ところが、ＦＳＬＮに協力もしているらしいルーベン神父は、西洋の宗教画をお手本にしたガブリエルの上品な絵が気に入りません。〈ものの表皮をめくりあげなくてはならない〉、つまり、人間の外面ではなく魂の内奥を見る目を養えと、村人の姿をデッサンすることをルーベン神父に命じられたガブリエルは――。

タイトルにある「ムチャチョ」とは若者の意味。特権階級に生まれたお坊ちゃまが、初めて社会の現実に触れ、悩み、苦しみ、革命軍の戦いに身を投じ、艱難辛苦の末に心身共にたくましいムチャチョに成長していく様を、光と闇の濃淡を繊細に表現した素晴らしい画業によって伝える、これはビルドゥングスロマン（成長物語）の傑作です。

独裁者ソモサがマッチ工場のオーナーだからという理由でライターの使用が禁じられるような

国で、自由を勝ち取るために闘う民衆の一人ひとりを、作者のルパージュは愛情溢れる筆致でリアルかつ劇的に描き分けています。ニカラグアの人々への熱い共感を表明すると同時に、ガブリエルが性的アイデンティティを自覚する成長の過程を通じて、同性愛を嫌悪する中南米のマチズモ（男性優位主義）には異を唱える。また、戦争や災害といった有事に際して芸術に何ができるのかという問いに対する答えも提示。小さな個人の精神を丁寧に描きながら、大きなテーマについても深く掘り下げるという一流の表現がここにはあります。

次に紹介したいのは、内戦が残す傷跡を描いたダニエル・アラルコンの長篇小説『ロスト・シティ・レディオ』（藤井光訳　新潮社）です。

舞台になっているのは、〈不法集団（ＩＬ）〉と呼ばれる反体制派と政府との争いが終結して10年が過ぎ、内戦の記憶をリセットするかのように国内の地名は消し去られ、数字に置き換えられてしまっているという架空の国家。

主人公は、〈共感の香りを放つ黄金の声〉で、全国民から愛されているラジオ・パーソナリティーのノーマです。リスナーから寄せられた、内戦によって行方不明になった人々の名を読み上げ、時には感動的な再会の場面を放送することで人気を博している番組「ロスト・シティ・レディオ」を担当している彼女は、ある日、「一七九七」という番号で呼ばれるようになったジャングルの村から、行方不明者のリストを握りしめやってきた11歳の少年ビクトルの訪問を受けます。ディレクターは「この子が出れば番組は大ヒットだ」と、特別番組の企画に大乗り気。内戦が終わる頃に、一七九七村の近くで消息を絶った夫レイの帰りをいまだに待ちつづけているノーマは、複雑な思いを抱きながらも、特別番組が放送されるまでの数日間、ビクトルを預かることを承知するのでした。

ノーマとビクトルを中心としたこの現在進行形の物語の合間には、過去の記憶の数々が挿入されています。若き日のノーマとレイが育んだ愛と、内戦中の生活。戦後、ＩＬに協力していたと告発され、「ロスト・シティ・レディオ」でもその名を呼ぶことを禁じられているレイの、ノーマですら全貌を知り得なかった過去。反体制的な人間を収容し、過酷な拷問にかけることで恐れられている施設〈月〉。学者になったレイが、薬草の採集のためと称して内戦下に幾度となく訪れた一七九七村で生活している人々と、そこで起きた出来事。ビクトルの生い立ち。繰り返される罪と贖罪の物語。

一体、レイの身に何が起こったのか、レイは本当は何者だったのか。大勢の登場人物の声がポリフォニック（多声的）に響く過去のパートによって、少しずつ浮かび上がってくる真実。すべての点がつながって線になったとき明らかになる、思いがけない真相。そんなサスペンスフルな物語を、作者のアラルコンは一切の感傷や煽りを排した、緊張感を失わない文章によって表現しています。その抑制の効いた筆致ゆえにこそ、混乱した状況下に生きる人々の喪失感の深さと、にもかかわらず希望を失わない強靭な生命力が、真っ直ぐ読み手の心に届くんです。

作中、誰かが探している行方不明者になりすまして、毎週のように自分の番組に電話をしてくる人について、ノーマがこんなことを言う場面があります。

〈世の中には、自分は誰かのものなんだって思っている人たちがいる。どういうわけかいなくなってしまった誰かの。それで、みんな何年も待つのよ。その人たちは行方不明者を探しているわけではないの。その人たちが行方不明になっているの〉

誰かを探すことに夢中になるあまり、自分自身の人生を見失ってしまう。それは悲劇の連鎖というべきでしょう。

『ムチャチョ』に描かれているように、革命によってソモサ独裁政権はたおれ、サンディニスタ政権が誕生しましたが、その後、アメリカ合衆国の干渉を受けて再び内戦が起こり、１９８７年の中米和平条約を経てもなお政情不安定なニカラグア。

民主主義を希求するミャンマーの皆さんが軍事政権に打ち克つ日が、近い将来きっと訪れるにちがいないと信じたい気持ちの一方で、『ロスト・シティ・レディオ』で描かれているような内戦が残す傷と禍根や、ニカラグアに見ることができる同胞同士の争いがまた新たな骨肉の争いを生む状況から無縁でありますようにと、そんな心配が杞憂でありますようにと、祈らずにいられません。

今回は書いていていてつらい2作の紹介でした。

Bonus Track

第5回WBC日本代表チームに見立てて11作品を紹介

2023年3月、第5回ワールド・ベースボール・クラシック（WBC）が日本・アメリカ・台湾で開催された。日本代表は3大会ぶりに優勝を果たし、日本中は沸きに沸いた。メジャーリーグから大谷翔平選手やダルビッシュ有投手が、日本球界からは三冠王、村上宗隆選手や山本由伸投手らが参加し、日本中が注目するところとなったこのチームに見立てる作品とは——。

というわけで、単行本を買ってくださった皆さんのためのボーナストラックです。連載していた「QJ Web」では年始に、その前年に話題になったスポーツに見立てて「年間ベスト○作」を紹介するのが恒例となっていましたが、このおまけ企画でやってみようと思うのは「ベスト・オブ・ベスト」。とはいえ、これまでにわたしが読んできた小説すべてを対象にするのは無理がありますので、ここ10年の間に日本で刊行された作品（「QJ Web」ですでに取り上げた作品は除く）に絞りたいと思います。

見立てのお題はもちろん、「ワールド・ベースボール・クラシック（WBC）」です。今年

2023年は、バスケットボールやラグビーのワールドカップ、世界水泳などの大きな大会が開催されたスポーツ・イヤーでしたが、トヨザキ的にはもう断然WBC。大谷選手が塁上で吼える姿に胸打たれ、不調にも心折れることなく、準決勝のメキシコ戦でサヨナラ打を決めた村上選手に涙し、右手小指を骨折した後も出場し続け、怪我を感じさせないプレーを見せてくれた源田選手に感銘を受け……今でも名場面の数々を思い返しては胸が熱くなる、本当に幸せな2週間でした。

■1番センター『紙の動物園』

まずは1番・センターのラーズ・テイラー＝タッジ・ヌートバー選手（セントルイス・カージナルス）。朗らかな人柄とハッスルプレーとコショウ挽きパフォーマンスで、あっという間に人気者になったヌートバー選手といえば、忘れてはならないのがお母さんの久美子さん。というわけで、トヨザキがこの10年間に読んだ小説でもっとも印象に残る母親が出てくる作品を紹介します。ケン・リュウの短篇集『紙の動物園』（古沢嘉通訳　ハヤカワ文庫）の表題作です。

〈ぼく〉の母さんは、アメリカ人である父さんによってカタログで結婚相手に選ばれた中国人。母さんは、泣きやまない幼い〈ぼく〉のために、ある日折り紙で虎を折ってくれたんです。指で触るとじゃれ動き、唸る、生きてるみたいな老虎（ラオフー）。

〈母さんの折り紙は特別だった。母さんが折り紙に息を吹きこむと、折り紙は母さんの息をわかちあい、母さんの命をもらって動くのだ。母さんの魔法だった〉

その後も〈ぼく〉の願いに応じて、いろんな動物を折ってくれた母さん。ラオフーのことが大好きで、修繕しながら大事にしてきた幼い〈ぼく〉。ところが、大きくなって学校に通うようになると、そんな蜜月も終わりを迎えてしまいます。母さんのことを馬鹿にする近隣の人々。〈ぼく〉のことを「チャンコロ」と呼んでいじめる同級生。〈ぼく〉は母さんが英語を喋らないことを責め、紙の動物たちを大きな靴箱にしまいこみ、屋根裏部屋の隅に押しこんでしまうんです。

母親のことを無視するようになった〈ぼく〉、母さん、そしてラオフーはどうなるのか。淡々とした筆致で綴られる短い物語に、やばいくらい心揺さぶられます。ヒューゴー賞、ネビュラ賞、世界幻想文学大賞という、SFとファンタジーに与えられる大きな文学賞をすべて制したのも納得。ダニエル・キイス『アルジャーノンに花束を』やハインライン『夏への扉』のように、SFというジャンルを超え一般読者に広く愛される可能性をはらんだ、いずれ「古典」になること必定の名作なのです。

■2番ライト　『アホウドリの迷信』

2番・ライトは近藤健介選手（ソフトバンク・ホークス）。球界トップクラスの選球眼とバットコントロールを誇る、山椒は小粒でもぴりりと辛い小兵・近藤選手に見立てたいのは、英米文学界きっての目利き翻訳家・柴田元幸です。こんなに小さな体のどこにこれほどまでの活力がと瞠目させられる仕事量と、その高いクオリティ。すべての訳書がオススメできるのですが、ここでは柴田さんが、やはり人気の高い翻訳家・岸本佐知子とタッグを組んだ異色のアンソロジーを挙げたいと思います。『アホウドリの迷信』（スイッチ・パブリッシング）。副題に「現代英語圏異色短篇コレクション」とあるように、これまでほとんど日本で紹介されてこなかった作家を4人ずつ選んで訳してくれているのですが、すべての作品が癖が強すぎて天下無双なんです。

とある城に滞在を強いられている人々が、楽しい話を語りあうことにする。ノルウェー人作家が始めたヨハンという男をめぐる話は、でもハッピーエンドとは思えない恋愛譚。ところが――。最初におかれた、このレイチェル・クシュナーの「大きな赤いスーツケースを持った女の子」が存外わかりやすい小説なので、「なぁんだ」と気を抜くと、続くルイス・ノーダンの「オール女子フットボールチーム」で、変わった物語好きの目はらんらんと輝くはず。女子生徒によるアメフトのチームに魅入られた高校2年生の〈僕〉が経験する、めくるめくジェンダーの揺らぎと拡張という内的冒険にタッチダウン食らうこと必至なのです。

生きもののような古い家で、息子の来訪を待ちわびているお祖母ちゃんを筆頭とする、老いた3人姉妹に育てられている子供。音信不通になってしまった船乗りの亭主に絶望している若い妊婦の家に、突如出現した大きなアホウドリ。11歳の天才少女がミシンを土台に発明した、麻薬的な魅力を備える不思議な機械。言語と理屈の関節が脱臼しまくったような語りが狂気ばしってて可笑しい3つの掌篇。生きづらさを抱えた17歳の少女が体験する奇跡のように美しく、しかし哀しくてたまらない一夜の光景。泳ぐことで不条理な世界をサバイブする10代の姉妹。

どの作品もわかりやすくはありませんが、一読忘れがたい強い印象を残します。しかも、岸本&柴田による解題対談もついていてお得感満載。取り上げられている作家の他の小説も読みたくなるという意味では、まさに次の打者へとつなげるバッティングで魅せる近藤選手さながらの一冊なのです。

■3番DH――『黄金時代』

3番DHは、我らが大谷翔平選手（ロサンゼルス・エンゼルス）。投げて打って走ってと、これまで誰も想像したこともなかった世界を見せてくれる唯一無二にして不世出の大谷選手にふさわしい作品は何かと、ものすごく頭を悩ませたのですが、チェコを代表する小説家ミハル・アイヴァスの『黄金時代』（阿部賢一訳　河出書房新社）に決めました。

語り手は、〈北回帰線上の大西洋にあるカーボベルデとカナリア諸島のあいだに〉ある、名前のない小さな島に3年間滞在した経験を持つ民族学者の〈私〉。友人に促されて、島で見聞したことを書き記したというスタイルの物語になっています。

滝の岩棚に作られ、流れ落ちる水のカーテンによって仕切られた住まい。際限なく変容しつづける名前と、新しい名前にふさわしいように振る舞いをも変えてしまう島民。匂い時計によって知らされる時間。ルールが変わっていくボードゲーム。火を使わず熟成によって作られる料理。島民の中でもっとも存在感や権力のない人間が選ばれることになっている王。変化していく文字。征服者たちがもたらす文明をすんなり受け入れながら、しかし、最終的には西洋のスタイルのほうが島のそれに同化していくのが常だった島の歴史。

マルコ・ポーロ『東方見聞録』に材をとったカルヴィーノの異文明遭遇小説の傑作『見えない都市』を彷彿とさせる、架空の島の生活や文化を列記して読み手の好奇心を刺激する物語前半は、しかし、いわばこの小説のプロローグにすぎません。島にたった一冊しか存在せず、読む人の〈挿入、テクストへの加筆、消去〉によって変化し続ける「本」が登場して以降の面白さは超ド級。ページのあちこちにポケットがあり、その中には新しい文章を記した蛇腹状の紙が入っていて、その新しい文章にもまたそこから思いついた物語が記された蛇腹状の……と何層にもわたって増えていったり、かと思えば、濡れるなどしてあっさり文字が消えてしまったりと、変幻自在の生き物のような書物なんです。

その中から〈私〉が読者の〈君〉のためにピックアップして紹介する幾重も入れ子状になった2つの王家の愛憎冒険譚も読みごたえたっぷりなのですが、そんな島の本に洗脳されてしまったのか、チェコに帰国後の〈私〉が出会った初老の男から聞かせてもらう、シニフィアン（記号表現）／シニフィエ（記号内容）にまつわる女泥棒のエピソードもまた、物語が物語を呼ぶ式の話になっていて、知的興奮を伴うページターナーぶりを発揮しています。

〈島への二度目の旅、想像上の旅〉とチェコを行き来しながら語られる全58章は、深い知性と博覧強記と詩心に支えられた究極のパリンプセスト（書かれた文字等を消し、別の内容を上書きした写本）。〈もっとも重要なことは脱線のなかに潜んでいる〉ことを肝に銘じて、迷宮のようなテクストの中をさまよう愉しみが堪能できるこの一冊には、大谷選手がわたしたちに見せてくれた想像もしなかったようなプレー同様、未知の世界の蠱惑に満ちているのです。

■レフト 『マザリング・サンデー』

4番レフトは吉田正尚選手（ボストン・レッドソックス）。オリックス時代には首位打者を2回とっていて三振も少ない。身長172センチメートルと小柄だけど常にフルスイングで長打も多い。そんな吉田選手に見立てたいのは、長篇というには短めだけど、読んだ後、長くて深い人生を主人公と共に生きたという感慨を抱かせてくれるグレアム・スウィフトの『マザリング・サンデー』(真野泰訳　新潮社)。

あの日、あの時、あの場所。人生を決定的に変えられてしまう出来事が、まれに起きることがあります。22歳のジェーンにとってのそれが、1924年3月30日。年に一度、使用人に許された里帰りの日「マザリング・サンデー」でした。

ニヴン家でメイドをしている、孤児ゆえに帰る家を持たないジェーンがその日訪れたのが、ご近所にあるシェリンガム家の屋敷。「十一時に、正面玄関へ」と、彼女を招いたのは当家の23歳になる息子ポール。身分違いの2人は、7年前からつきあっており、〈ありとあらゆる秘密の場所で、ありとあらゆる種類のことを〉する仲だったのですが、ポールは2週間後に半ばお金目当ての結婚を控えています。

正面玄関でジェーンを丁重に迎えるポール。窓を大きく開け放った自室で、ゆっくり厳かに服を脱がせていくポール。事後、裸のまま横たわり、煙草をくゆらせる2人。「一時半にあれに会わなきゃならない」と起き上がるポール。結婚相手との待ち合わせに遅刻しそうなのにもかかわらず、ゆっくりと身支度をするポール。その姿を裸で横たわったまま見つめるジェーン。脚の間から〈しみ出すような悲しみを伴って〉流れ出ていく、〈彼の種〉と自分の体液。鍵の隠し場所を教えた上で、「きみは急がなくていい」と、ポールが車で出かけていった後、裸のまま邸内を探索するジェーン。

後年、高名な作家になるジェーンは、その後の人生で、この日へと幾度も幾度も立ち返っていくことになります。「いつ作家になろうと思ったのか」「若い時の男の子との冒険は?」など、インタビュアーから質問を受けるたび、1924年3月30日へと思いを馳せるジェーンは、しかし、誰にもこの日のことは話しません。この日のことを小説にしたりしません。「ジェイ、きみは僕の友だちだ」と言ってくれたポールのことを、ジェーンは生涯、誰にも語りません。ジェーンの、あの日、あの時、あの場所の物語を知っているのは、この小説の作者と、わたしたち読者だけなんです。

秘密の恋人にして友だちとの最後の逢瀬となる悲しみの日に、しかしジェーンは〈突然で意外な自由の感覚が体にみなぎ〉る昂揚感に包まれることになります。〈人生はこんなに残酷になることができ、けれども同時にこんなに恵み深くなることができるのか〉という啓示が、彼女を作家にするんです。たった一日の出来事を、未来の眼差しで多面的に描き、〈様々な場面。実際には起こらず、可能性という名の舞台袖に待機している様々な場面〉を常に想起することで生まれた、吉田選手のバッティングのごとく想像的で創造的な素晴らしい小説なのです。

■5番サード『ゲームの王国』

5番サードは村神様こと村上宗隆選手(ヤクルト・スワローズ)。2022年には王貞治を超える最多本塁打56本を放ち、史上最年少の三冠王に輝いた、これからの日本球界を背負って立つ強打者に並び立つ小説家は小川哲です。第１６８回直木賞を受賞した『地図と拳』は他のところで紹介したので、ここでは第38回日本ＳＦ大賞と第31回山本周五郎賞を受賞した『ゲームの王国』（ハヤカワ文庫）を紹介します。

舞台となる国は、１９５０年代、秘密警察が跋扈し、反体制側を徹底的に取り締まり、一部の持てる者以外は貧しい生活が強いられていたカンボジア。かの時代、かの地で、ポル・ポト率いる過激派左翼勢力クメール・ルージュがいかに生まれ、１９７５年に権力の座についた後、前政府を上回る恐怖政治をどのように敷いていったか。『ゲームの王国』の上巻はその推移を描いていきます。

語り口はマジカル。サロト・サル（後のポル・ポト）の隠し子と噂され、苛酷な宿命を生きることになる少女ソリアと、寒村の村長の息子として生を受け、たぐいまれな知性と洞察力を発揮することになるムイタック――この２人の子供の成長を軸に、カンボジア現代史を駆け抜けるという展開になっているんですが、これがもう、面白いったらないんです。

相手が本当のことを言っているかどうかがわかる聡明なソリアと神童ムイタック以外にも、輪ゴムをこよなく愛し、その愛に応えるかのように、輪ゴムから、切れることで誰かの死を予言してもらえるという異能を持つムイタックの幼なじみクワンや、土と会話ができる農民の泥、その兄で13年間喋っていなかった末に大変な美声を得るに至る鉄板などなど、土着的かつ魔術的異能を持つキャラクターが多々登場。彼らのユニークきわまりないエピソードが、史実をもとにした血なまぐさく苛烈なストーリーに、笑いや驚きや感動を加えて、「次はどうなるの？」という読者の好奇心を引き出し続け、ページを繰る指が止まらなくなってしまうんです。

上巻の最後、ソリアとムイタックが、ある悲惨な出来事によって決定的に袂を分かちます。その2人が老境に入った21世紀の近未来カンボジアを物語る下巻に対し、「上巻ほど面白くない」という感想を述べる人たちがいるけれど、わたしはそうは思いません。タイトルにこめた真の意味が明らかにされるこの下巻があるからこそ、小説世界からすっぽり抜け落ちているソリアとムイタックが離れればなれに過ごした若き日々に思いを馳せずにはいられない。その物語を脳内で補塡せずにはいられない。そんな、作者から読者への一方通行ではない、インタラクティブな構造もまたこの作品の美点と思います。現代文学とエンタメの長所を併せ持つ、日本文学を超えた世界文学が生み出せる小川哲。いつかはメジャーリーグに行くであろう村上選手同様、世界に通用する小説家であることは間違いありません。

■6番ファースト――『オーバーストーリー』

6番ファーストは、半眼の仏像のようなお顔立ちの岡本和真選手（読売ジャイアンツ）。5年連続30本本塁打を達成している右の大砲ですが、おっとりとした見た目に反して動きは素早くゴールデングラブを2年続けて受賞しています。来季からはジャイアンツのキャプテンも務めることになっている岡本選手と重ねたいのは、やはり大きな物語。リチャード・パワーズの『オーバーストーリー』（木原善彦訳　新潮社）なんかどうでしょう。

668ページの長さにビビったり、主要登場人物の多さに腰が引けるかもしれません。でも、大丈夫！　すべてのエピソードが興味深く面白く、難解さとは無縁なので、すらすら読み進めていけますから。でもって、〈いい物語は人を少し殺す。人を前とは違ったものに変える〉という作中の言葉どおり、読み終えた時、この本と出合う前の自分ではなくなっていることに気づく。そんなパワーを備えた小説なのです。

祖先が植え、以来、父の代までその変化を定点観測的に撮り続けた千枚もの栗の木の写真をパラパラとめくって眺めるのが好きだった少年ニコラス。

1948年に中国から渡米した父親に、過去・現在・未来を象徴するロートス・松・扶桑の彫刻が施された3つの翡翠の指輪と、阿羅漢を描いた書画の巻物を見せられる9歳のミミ。

父親からカエデの木を〈同胞〉として与えられ、高校3年生の時に一冊の本と出合い、その著者のもとで心理学を学ぶ道に進む1963年生まれのアダム。

幾たびもの別れと復縁を繰り返し、やっと結婚できた愛するドロシーに、結婚記念日のたびに庭に苗木を植えることを誓う弁護士のレイ。

ベトナム戦争に従軍し、パラシュート降下を試みて失敗するも一本のベンガルボダイジュによって命を救われたダグラス。

7歳にしてコンピュータのキットを組み立て、プログラミングを始めるものの、11歳の時にオークの木から落ちて半身不随になってしまう天才少年ニーレイ。

生まれつき内耳に奇形があり、発語にも苦労する身でありながら長じて博士号を取得するも、木々がコミュニティを形成し、助け合っているという内容の論文が酷い批判を受けてしまうパトリシア。

大学の最終学年に至るまで自堕落な生活を送っていたら、不用意な感電により70秒間死んでしまい、蘇生後、精霊の声が聞こえるようになると、その声にいざなわれるように、古木を守るため人々が座り込みを続けているカリフォルニア州ソラスという小さな町を目指すことになるオリヴィア。

こうした何らかの形で樹木と関わりを持つ人々の来し方を描く「根」の章を経て、物語は、彼らの運命が交わる「幹」へとつながっていくんです。起伏の激しいストーリーの中心に在るのは樹木と森。この小説を読むと、だから木を見る目が変わります。岡本選手のような太い幹だけでなく、土中にある根にも思いを寄せるようになる自分に気づきます。これは、地球上に在る、ありとあらゆる生を守るための大きな、そして大事な小説なのです。

7番セカンドは山田哲人選手（ヤクルト・スワローズ）。日本プロ野球史上唯一、3度のトリプルスリー（打率3割・30本塁打・30盗塁）を達成。走攻守の三拍子が揃っている山田選手には、舞城王太郎の『淵の王』（新潮文庫）を充ててみたいと思います。というのも、この作品、トヨザキにとってのトリプルスリー（驚き・笑い・恐怖）を達成しているからです。

舞城はデビュー作『煙か土か食い物』以来ずっと、すべてを喰らい尽くそうとする悪しき何かと、敢然とそれに立ち向かう誰かを描き続けてきた作家です。悪しき何かは作品によって姿を変えており、この『淵の王』では〈闇より暗い深黒の、何でも無い、形も無い暗黒の穴〉。で、その〈悪のそばに現れる穴〉に立ち向かう誰かに相当するのが、中島さおりと堀江果歩と中村悟堂。正確を期すれば、さおり&〈私〉と果歩&〈俺〉と悟堂&〈私〉。大胆に言い切ってしまえば、さおり&果歩と果歩&悟堂と悟堂&さおりということになる。読み始めて最初のうちはこの構図がよくわからなくて、「さおりの物語を語ってる〈私〉って誰？」と首をひねってしまうかもしれませんが、大丈夫。いずれ主人公と語り手の関係はちゃんとわかってきますから。

〈私は光の道を歩まねばならない〉という強い意志を無意識裡に抱き、友人を助けるため〈ヒト型の闇〉と雄々しく戦うさおり。努力を惜しまないフルスロットルな生き方ゆえに、ものすごい怖がりのくせして闇と対峙してしまう果歩。行方不明の恋人を取り戻すため、〈真っ暗坊主〉に宣戦布告する悟堂。そうした絶望の淵ぎりぎりで戦われる物語を伝えるのが、さおり・果歩・悟道のことを〈あなた〉〈君〉〈あんた〉と呼ぶ語り手〈私〉〈俺〉〈私〉なんです。それは一見オルター・エゴのようにも思えながら、注意深く読めば、さおり・果歩・悟堂はそれぞれ、前に置かれた物語の語り手の戦う意志を引き継いだ存在であることがわかります。

そんな凝った語りの構造をとっているこの小説は、読者を感情レベルで物語の中にぐいぐい引きこんでいきます。怖い、けどっ。悲しい、けどっ。笑ってしまう、けどっ。戦う彼らの〈ここで、今だ〉の物語から目を離すことができなくなってしまう。特異な語りの構造がもたらす驚き、死体のマトリョーシカみたいな残酷だけど突飛なガジェットが連れてくる狂った笑い、そして「もう一生、屋根裏部屋や納戸には行きません！」となるほどの恐怖——見事なトリプルスリーがここにはあります。

■8番ショート——『守備の極意』

8番ショートは源田壮亮選手（西武ライオンズ）。この俊足の守備職人と面影が重なる出色の野球小説が、チャド・ハーバックの『守備の極意』（土屋政雄訳　早川書房）です。

物語の発端は夕暮れの野球場。大学の野球部で正捕手をしているマイクが、やせっぽちの高校生ヘンリーの守備練習に見とれています。その芸術的な動きに魅了されたマイクは、彼こそが弱小チームの救世主になると直感し、あの手この手を使って自分の大学に推薦入学させてしまうんです。マイクのしごきとストイックなまでに野球漬けの日々の甲斐あって、ヘンリーはついに先輩の正遊撃手を抜いてレギュラーを獲得。やがて3年生になると、各球団のスカウトの目にも留まるようになり、著書『守備の極意』をぼろぼろになるまで読むほど憧れている、アパリシオ・ロドリゲスが持つ連続無失策の全米記録にあと一試合というところまで迫ります。ところがその大事な試合で、何でもない打球を処理したヘンリーの送球は、ふいに吹きつけた強風によって軌道を狂わされ——。

ここからヘンリーの機械のように正確無比だった守備がおかしくなってしまうんです。いや、ヘンリーだけでなく、たった一度の失策は、マイクや、ヘンリーのルームメイトにしてチームメイトである聡明で美しいゲイのオーエン、大学の学長アフェンライト、その娘のペラといった周囲の人間の人生にも大きな影響を与えていくのです。喋るのが苦手で、野球でしか自分を表現できないヘンリーは聖なる愚者。物語の狂言回しにして象徴のような役割で、むしろ人間ドラマの面白さは先に挙げた脇役が担っています。その構造が巧い。アフェンライトが愛する作家ハーマン・メルヴィルの『白鯨』をはじめ、アメリカ文学への目配せがそこここにあるのも、良いアクセント。さまざまな観点から楽しむことができる複合型野球小説になっているんです。

■9番キャッチャー——『グルブ消息不明』

9番キャッチャーは中村悠平選手（ヤクルト・スワローズ）。2021、22年とセ・リーグを連覇したスワローズの要で、21年はシリーズMVPに輝き、22年の盗塁阻止率は3割6分4厘でセ・リーグ1位と活躍。WBC決勝戦のしびれるような9回裏、トラウト選手と対峙する大谷選手を力強くリードしてくれました。その中村選手のニックネームが、大好きなお菓子の名が由来の「ムーチョ（スペイン語で「もっと」の意）」だと知った時から、この小説を紹介することを決めていました。スペインを代表する現代作家の一人エドゥアルド・メンドサの『グルブ消息不明』（柳原孝敦訳　東宣出版）。

〈〇八・〇〇　ディアグナル通りとグラシア大通りの交差点に姿を現す。路線バス17番バルセロネーターバイデブロン線に轢かれた。頭部を取り戻さなければならなくなる。衝突によって抜け落ち、転げていったのだ。取り戻すのは大変だ。交通量が多いからだ。
〇八・〇一　オペル・コルサに轢かれる。
〇八・〇二　荷物運搬のワゴン車に轢かれる。
〇八・〇三　タクシーに轢かれる。
〇八・〇四　頭部を取り戻し、衝突した場所のすぐ近くにあった噴水でそれを洗う。ついでにこの地域の水の成分を分析する。水素と酸素、それにうんちからなる〉

地球外生命体の〈私〉は部下のグルブと共に、1992年のオリンピック開催を控えた都市整備で滅茶苦茶な状態にある喧噪のバルセローナに降り立ちます。ところが、実在するグラマラスな女性歌手の外見を選んだグルブが、現地男性の運転する車に乗りこんだまま連絡を絶ってしまうんです。グルブを探し回る〈私〉。そんな16日間にわたる顚末がおかしいったらありゃしない、『グルブ消息不明』の主人公〈私〉が、初めて街に出たシーンを引用したのが拙文冒頭なのです。

外出するたびに、ローマ教皇や山本五十六といった実在の人物の容姿を借りる〈私〉。でも、たとえばゲイリー・クーパーの西部劇出演時の格好のままの外見を選んで、悪ガキどもにピストルやら保安官の星バッジやらを奪われてしまうといった始末で、地球の現実にそぐわないことはなはだしいんです。工事であちこちに出来た溝に落ちまくったり、丈夫な靴が欲しくて買ったのがスキーだったり、銀行口座を操作して得た大金で同じネクタイを94本買うなど常軌を逸した買い物をしたり、気に入った揚げ菓子を10キロ一気食いしたり、同じアパートに住むシングルマザーに恋をすれば奇矯なふるまいで気味悪がられる。そうしたエピソードの数々が、すべて真剣に真面目に、しかも幾度も繰り返されるものだから、おかしくてたまらないんです。

まさに、「異化」。地球のことを何も知らない宇宙人の経験が、笑いとともに、わたしたち読者の常識や慣習でくもった目をまっさらにし、人間の営みの滑稽さや愛おしさを新鮮な気持ちで再確認させてくれる。これはそんな力を持った小説なのです。しかも、魅力はそればかりではありません。

中国江西省に生まれ、子供の頃にサン・フランシスコに移住するつもりがバルセローナに着いてしまい、以来ずっと住んでいるのに、いまだに日曜日になればゴールデンゲート・ブリッジを探しに行っている中華料理店の主人と意気投合する場面は、異邦人であることの哀しみと郷愁を伝え、近所のパブの老夫婦との交流を描くくだりでは、どれほど異なる生まれ育ちをしていようが、理解しあおうとする気持ちさえあれば友人になれることを示す。〈私〉のスラップスティックでトンチンカンな言動で笑わせながらも、この物語から浮かび上がるのは思いがけないほど温かなメッセージなんです。

果たしてグルブは見つかるのかどうか、笑って笑って笑って、ちょっぴり泣いて、笑って、笑いながら、確認してみてください。

■ピッチャー｜『すべての見えない光』

ピッチャーはダルビッシュ有選手（サンディエゴ・パドレス）。２００９年のＷＢＣ第2回大会では先発に抑えにと大活躍し胴上げ投手になったダルビッシュ選手も、今大会は36歳のチーム最年長に。米国で調整を進める選択肢もあった中、２月７日の宮崎強化合宿初日から参加。まさに、日本代表チームの魂として若手を精神的に支え続けてくれました。陰のＭＶＰともいうべきその頼もしい存在感にふさわしいのは、トヨザキがこの10年間に読んだ小説の中でもっとも心揺さぶられた傑作、アンソニー・ドーアの『すべての見えない光』（藤井光訳　新潮社）です。

1944年8月7日、ドイツ軍占領下にあったフランス北西部の港町サン・マロがアメリカ軍による激しい爆撃に遭います。その時、それぞれの場所で身動きがとれなくなってしまった少年と少女がいました。要塞として使っていたホテルの地下で仲間と共に生き埋めになったナチスの技術兵ヴェルナーと、叔父さんの家に身を寄せている全盲のマリー＝ロール。アンソニー・ドーアのこの小説は、第二次世界大戦に巻き込まれた少年と少女の生と魂の軌跡を描く中、時代の荒波に翻弄された人々の姿を詩情豊かな散文で浮かび上がらせる長篇小説なのです。

閉じこめられてしまったヴェルナーとマリー＝ロールの様子を描く1944年8月のパートの合間に挿入されるのは、1934年から爆撃の日へと至るまでの2人のエピソードです。パリの国立自然史博物館で働く父親に連れられて行った子ども向けの見学会で、「炎の海」と呼ばれるブルーダイヤモンドの伝説を知る6歳のマリー＝ロール。彼女はその1カ月後、先天性の白内障によって光を失うことになります。ドイツの炭坑町の孤児院に、妹のユッタと入れられている7歳のヴェルナー。彼は、その1年後、壊れたラジオを直し、かすかに聞こえてきた音楽に思わず涙を流しそうになるんです。

目の見えない娘がいずれ一人で外出できるようになるため、住んでいる町の精巧な比率の模型を作ってくれる優しい父から、誕生日のたびに贈られる点字版の冒険小説に夢中になるマリー＝ロール。ラジオから流れてくるフランス人の男の放送を楽しみに聴き、〈目に見える光のことを、我々はなんと呼んでいるかな？　色と呼んでいるね。だが、電磁のスペクトルはある方向にはまったく走らず、反対方向には無限に走るから、数学的に言えば、光はすべて目に見えないのだよ〉といった語りかけの数々から、科学や技術に対する関心を深めていくヴェルナー。

1940年、館長から託された「炎の海」を隠し持った父親と共にパリを脱出し、最終的にはサン・マロのエティエンヌ叔父さんの家にたどり着くマリー＝ロール。独学で難解な数学や物理学を理解できるようになった頭脳を評価され、エリート少年が集まる学校への入学が許されるヴェルナー。

そうした2人の爆撃の日へと至る道のりを描く中、仲のいい老婦人たちとナチスへの抵抗運動を企てる、叔父さん宅の頼もしい家政婦マネック夫人や、前の大戦で神経をやられてしまった教養人のエティエンヌ叔父さん、ヴェルナーが学校で作った親友フレデリック、巨人のように大きい上級生のフォルクハイマー、「炎の海」の行方を執念深く追うドイツの下士官ルンペルなど大勢の人物が登場し、この長い物語に、光と闇、希望と絶望、善意と悪意といったさまざまなドラマを付与していくんです。

2人は、生き残ることができるのか。どこかで出会うことになるのか。「炎の海」はどうなってしまうのか。現在と過去、マリー＝ロールとヴェルナーの物語が交互に語られる中、わたしたち読者はそうしたフックに釣られて、どんどん小説世界の深みへと引きこまれていき、いつしか本から目が上げられなくなってしまいます。これまで日本では2冊の短篇集が訳され、優れた短篇に与えられるO・ヘンリー賞も受賞している作家ですが、その短篇テクニックを遺憾なく発揮する短い断章の積み重ねという手法で完成させたこの小説で、ドーアは自らが長い物語の稀有な語り部でもあることを証明してみせています。素晴らしい、素晴らしい素晴らしい。ダルビッシュ選手のチームへの献身に対して向けたい讃辞同様、何度絶賛を繰り返しても足りないほどの大傑作なのです。

■監督　『ある夢想家の肖像』

最後は、栗山英樹監督。2012年から10シーズン、日本ハム・ファイターズの監督を務め、大谷翔平の二刀流の夢を支えてメジャーリーグへと送り出してくれました。リーグ優勝2回、16年には正力松太郎賞と最優秀監督賞を受賞したこの名将が、自ら夢みるベストメンバーを揃えることに尽力し、各選手のモチベーションを高く保つことに心を配り、能力を最大限引き出してくれたからこその世界一だったんではないでしょうか。この稀代のビューティフル・ドリーマーに捧げたい小説は、スティーヴン・ミルハウザーの『ある夢想家の肖像』（柴田元幸訳　白水社）です。「夢みがち」という言葉から連想するのは、なんとなくボーッとした風情だったりするのですが、スティーヴン・ミルハウザーの小説に登場する夢想家たちの夢見る力は、日本代表チームを構築した栗山監督同様、もっと輪郭がくっきりしています。地上30階・地下12層なんてとんでもないホテルを20世紀はじめに建ててしまった男が主人公の『マーティン・ドレスラーの夢』（白水u

ブックス〉をはじめ、眼前の現実世界の向こうに、こちらとは異なるルールで存在している何かを幻視し、それを具現化する力を、ミルハウザーの登場人物らは有しているんです。

1977年に長篇第2作として発表された『ある夢想者の肖像』は、29歳になっている〈僕、アーサー・グラム〉が、幼年期からハイスクール時代までを回想したというスタイルの作品なのですが、その後に書かれることになる『イン・ザ・ペニー・アーケード』（白水uブックス）をはじめとする短篇集や、先に挙げた『マーティン〜』と比べると、（訳文から判断するしかないのだけれど）圧倒的に文体が濃厚で濃密なのが特徴的。〈僕〉の、自分が見たもの経験したことのすべてを明瞭に蘇らせたいという希求に、ミルハウザーはそうした文体によって応えているのではないかとトヨザキは考える者です。

実際、何かにつけて〈退屈だ〉を連発するアーサーは、優れて精妙な観察者であり、〈退屈だ〉と言うわりには、それらを思い出す語り口は熱心で、だから彼の目を通して描かれる退屈なあれこれは、読み手にとっての退屈とはならない。その逆で、あまりにも生き生きと描かれているために、その光景を引き金に、自分の子供時代までもが呼び戻され、そのたびについ別の思いに耽ってしまい、いい意味で読むのに時間のかかる小説なんです。

夢想家で、何かと出会う前にもっと素晴らしい何かをくっきりと思い描けてしまうがゆえに、必然的に生じる失望。夢想よりも世界を退屈と断じる少年が、ある日、自分とよく似た少年ウィリアムと出会う。自分と同じように頭が切れて、自分と同じような退屈を内に抱える少年。まさに、「宿命の女」ならぬ「宿命の友」との邂逅がこの小説の白眉です。
ミルハウザーは、退屈しのぎにボードゲームを選ぶようなタイプの2人の少年の交流を、よくある思春期小説のように甘い友情としては描きません。夜中にこっそり家を抜け出して、互いの部屋を訪問しあうアーサーとウィリアムが経験する深い闇は、心の奥底で静かに主の訪れを待つ底なしの井戸に他ならず、夢想とはそこに降りていった者だけに許される昏い才能なのだということを示す結末が痛々しくもあります。力強い信念の夢想家である栗山監督が、アーサーとウィリアムが経験する昏さとは無縁でありますように。夢を最善の形で実現させてしまった栗山さんが、次の夢を見つけられますように。

というわけで、単行本を読んでくださる皆さんのためだけに書いたボーナストラックでしたが、楽しんでいただけたでしょうか。ここで紹介した小説の、どれか一作でも実際に読んでいただけたら、こんな嬉しいことはありません。

あとがき

紙の媒体に書評を寄稿するだけだったわたしが、ウェブニュースメディアの「QJWeb（クイック・ジャパンウェブ）」で月1回の連載を持ったのは2020年から約3年間。ただ、本を紹介するだけではPV（ページビュー）は稼げない。PVが少なければ企画は打ち切り。だから、なるべくその時々の話題と絡めた書評にする。ネットで小説を紹介するという難しさを思い知った月日だったと思っています。

人気時代小説家・伊東潤さんがTwitter（現X）で「小説の市場が縮小する一方だから、これからの小説家志望者は別口の収入源を確保しておいたほうがいい」といった内容のツイートを連投してバズりましたが、まさにそのとおり。経済的にも世界情勢的にも逼迫している今、その危機的状況を伝えたり批判したりするリアルサイズの言説が注目を浴び、そういう類いの本ばかりが売れていて、小説の売れ行きは全般的には落ちています。いわんや書評においてをや。小説のパイが縮小していく一方なら、その小説を紹介するパイも当然小さくなるわけで、20年前と今の状況を比べると戦々恐々とするばかりです。

わたしには「小説は大八車で運ばれる理論」(笑)があります。載せられている荷物が作品で、両輪がそれぞれ作者と批評家、前で引っぱっているのが担当編集者と版元、後ろで押しているのが書評家——という考えです。輪が大きければ一押しで稼げる距離は大きいのですが、作者と批評家の輪の大きさに差があると前進はできず、その場をくるくる回るだけになってしまいます。だから、小説家だけでなく批評家もちゃんと育てないとダメ。批評は小説の良き伴走者であり、厳しい審美眼を持った批判者であり、深くてフェアな読解ができる審判員でなくてはならず、理想的な批評を得てこそ小説はより遠く未来まで運ばれるというのが、わたしの見立てなんです。

では、書評家の役目はというと、素晴らしい作品を載せているにもかかわらず、坂道をはじめとする困難な状況に陥っている大八車の前進をブックレビューという形で後押しすることにあります。少なくとも、わたしはその自覚のもと小説作品を紹介してきたつもりです。

「今」を伝え、そこにおける問題を提示するリアルサイズの言説と比べ、小説の言葉は遅い。即効性はありません。だから、現実に汲々としている人たちは小説ではなく、今現在における問題を直接扱う類いの本を手に取るのでしょう。でもね、後になればわかります、小説の言葉の強靱さが。読んだ人の心になにがしかの種を蒔き、ゆっくりとだけど根を張り、その人を変容させる。多くの小説は、そんな強い力を宿しているんです。

「ＱＪ Ｗｅｂ」での連載を呼びかけ、担当として伴走しリード文をつけてくださったフリー編集者のアライユキコさん。わたしの初めての書評集『そんなに読んで、どうするの?』『どれだけ読めば、気がすむの?』(アスペクト)に続き、この本にも素晴らしい装幀を施してくださったミルキィ・イソベさん。Twitterでの「QJWebの連載、本にしてくれるところないかなあ」という呟きに応えて、こうして単行本に仕上げてくださった教育評論社の小山香里さん。そして、この本を読んでくださった皆さん。ありがとうございました。トヨザキは、これからも強靱な言葉を持った小説たちを未来に手渡すための大八車を、後ろから力一杯押す仕事をしていく所存です。今後ともどうぞよろしくお願いいたします。

2023年9月吉日

■マ行

■ヤ行

■ラ行

■ワ行

■タ行

■ナ行

■ハ行

■カ行

■サ行

■ヤ行

■ラ行

■ワ行

《書名》

■ア行

■ハ行

■マ行

■タ行

■ナ行

■カ行

■サ行

索引

《人名》

■ア行

＊本書は、「ＱＪ Ｗｅｂ（クイック・ジャパンウェブ）」に２０２０年４月〜２０２３年３月に掲載したコラムに加筆修正し、さらに本書のために書き下ろしたコラムで構成しています。

＊肩書は掲載当時のものです。

〈著者略歴〉
豊﨑由美（とよざき・ゆみ）
1961年、愛知県生まれ。東洋大学印度哲学科卒。書評家、ライター、多くの雑誌で書評連載をもつ。
著書に『そんなに読んで、どうするの？ 縦横無尽のブックガイド』（アスペクト）、『ガタスタ屋の矜持』（本の雑誌社）、『まるでダメ男じゃん！「とほほ男子」で読む百年ちょっとの名作23選』（筑摩書房）、『ニッポンの書評』（光文社新書）、共著に『文学賞メッタ斬り！』『百年の誤読』（ちくま文庫）などがある。

時評書評 ―― 忖度なしのブックガイド

2023年11月20日 初版第1刷発行
2024年 1月22日 初版第2刷発行

著　者　豊﨑由美
発行者　阿部黄瀬
発行所　株式会社 教育評論社
〒103-0027
東京都中央区日本橋3-9-1 日本橋三丁目スクエア
Tel. 03-3241-3485
Fax. 03-3241-3486
https://www.kyohyo.co.jp
印刷製本　株式会社シナノパブリッシングプレス

ISBN 978-4-86624-088-6